Notker Wolf
unter Mitarbeit von Alfons Kifmann

Das Unmögliche denken, das Mögliche wagen

Visionen für eine
bessere Zukunft

WEIHNACHTEN 2021

So gesehen ...

Karikatur mit freundlicher Genehmigung des Informationsdienstes Blick in die Marktwirtschaft, Ausgabe 1/2018

Reicht es aus, über Altersarmut zu diskutieren und das offensichtliche, aber für die Entscheider offenbar nicht sichtbare Problem wieder einmal in die Rentenkassen künftiger Generationen zu verschieben?

Reicht es aus, über das Erreichen von Klimazielen komplizierte Berechnungsgrundlagen mit Emissionszertifikaten zu erstellen, wenn wir gleichzeitig das Abgasproblem in unseren Städten nicht in den Griff bekommen?

Reicht es aus, den Bildungsnotstand nur mit dem Lehrermangel zu begründen, wenn althergebrachte Strukturen den Blick auf vergleichbare Inhalte und Bewertungen vernebeln?

Reicht es aus, über mangelhafte Integration von Immigranten zu klagen, wenn wir sie gleichzeitig bürokratisch daran hindern, mehr Eigeninitiative zu entfalten?

Reicht es aus, die digitale Revolution als möglichen Jobkiller zu beklagen, wenn wir mit unseren eigenen Daten leichtfertig umgehen und vom Gesetzgeber keine Grenzen einfordern?

Dies sind nur fünf von zahlreichen aktuellen Fragen, die der Visionen – und Antworten – bedürfen.

Wo aber sind sie, die so dringend ersehnten Visionen, national, europäisch, international? Ersehnt wie der Regen in der Wüste.

Spätestens die Koalitionsverhandlungen vom Frühjahr 2018 haben gezeigt: Wir haben keine Visionen. Wir haben keinen Mut zu Visionen. Die wenigen, zaghaften Ansätze für Visionen erschöpfen sich darin, unseren Wohlstand zu wahren, ein bisschen umzuverteilen mit dem Ziel von mehr Gerechtigkeit. Wo aber bleiben Visionen für Europa, für unseren Standort im Prozess der Globalisierung?

Die ehedem etablierten politischen Parteien tragen mehr mit Querulantentum als mit der Lösung von Sachfragen zur Verdrossenheit in der Bevölkerung bei und öffnen damit die Tore für radikale, aber sonst konzeptlose Randgruppen. Das »Markenprofil« großer Volksparteien sei kaputt, analysiert der Politikwissenschaftler Professor Werner Weidenfeld das entstandene Vakuum. Ob das auch daran liegt, dass das C in den Markennamen, das noch für einen gewissen ethischen Anspruch stand, weitgehend abhanden gekommen zu sein scheint?

In der politischen Diskussion ist zwar viel von Visionen die Rede, meist unter dem Aspekt des Mangels an Visionen. Visionen sollen in diesem Sinne wohl mehr ein Blick, mehr noch eine Absichtserklärung sein für die nähere Zukunft. Mit Prophetie, Weissagung und weitem, unverstelltem Blick in die Zukunft hat das jedoch nichts zu tun, eher mit einem Blick über den Tellerrand des politischen Alltagsgeschäfts. Und der reicht bekanntlich oft kaum über die Zeitspanne einer Legislaturperiode hinaus, ist also von geringer Halbwertzeit.

Aus diesem Grund bleiben diese Visionen/Zukunftserklärungen meist recht indifferent, unkonkret, oft schwammig. Und damit dienen sie eher der Desinformation und der Politikverdrossenheit. Die Menschen sehnen sich jedoch nach Klarheit und Orientierung, vor allem in den entscheidenden Zukunftsthemen, beispielsweise der Altersversorgung, des Generationenvertrages, der Gesundheitsvorsorge und der nachhaltigen Umweltpolitik, und zwar global. Auf all diesen Politik-Äckern gibt es ja eine Menge zu tun in unserem Land, und nicht nur hier, überall in Europa.

»Wer Visionen hat, sollte besser zum Arzt gehen, nicht in die Politik«, hat der frühere Bundeskanzler Helmut Schmidt, bekannt für seinen lockeren Ausdruck (»Schmidt Schnauze«) einmal gesagt. Er meinte damit persönlich seinen Amtsvorgänger und SPD-Parteivorsitzenden Willy Brandt. Nun ist Helmut Schmidt eher als Realpolitiker in die Geschichtsbücher eingegangen als der eher visionär denkende Willy Brandt, der mit dem Kniefall in Warschau die Öffnung der Ostpolitik vorangetrieben hat.

Genau dies Beispiel zeigt auch die Kluft zwischen Realität und Vision auf, die sich im politischen Alltag immer wieder auftut.

Es wäre jedoch viel zu kurz gesprungen – und dabei geht es mir bei meinen Betrachtungen zu diesem Thema in besonderer Weise –, Visionen nur auf die Kaste der Berufspolitiker abzuwälzen. Wir wissen ja bereits, dass diese kraft der in der Demokratie festgelegten Wahlperioden manchmal nur den Horizont bis zur nächsten Wahl vor Augen haben und schon deshalb für Visionen weniger anfällig sind. Wir dürfen hier keineswegs in die bequeme Rolle des Betrachters von der Wohnzimmercouch aus verfallen und die simple Forderung nach dem Motto stellen: »*Nun lasst euch mal Visionen einfallen. Wozu haben wir euch gewählt?*« Das wäre zu billig.

Fragen wir uns doch einfach selbst: Was sind meine ganz persönlichen Zukunftsvorstellungen für die – sagen wir einmal – nächsten fünf, zehn, zwanzig oder gar fünfzig Jahre? Manche oder mancher wird dann einfach an Bewahrung des bisher gepflegten Lebens in gesichertem Wohlstand denken, vielleicht auch an den Neubau eines Hauses oder an einen Altersruhesitz in möglichst ruhiger Umgebung mit Alpen- oder Seeblick. Alle diese oder ähnliche Vorstellungen sind jedoch aus meiner Sicht weniger Visionen als Idealbilder eines Lebens in Frieden, Freiheit und Wohlstand, das wir uns gewiss auch verdient haben.

....

»Ohne prophetische Offenbarung verwahrlost ein Volk; wohl ihm, wenn es die Lehre bewahrt.« Oder im Klartext: »Ohne Vision geht ein Volk zugrunde«. Dieses Bibelwort aus den Sprüchen Salomos (Spr 29,18) bedarf natürlich der Interpretation.

Das Bibelwort stammt aus den ältesten Teilen des Buches der Sprichwörter. Es geht in die Zeit König Salomos zurück. Damals hatte das Reich Israel seine größte Ausdehnung, und die Herrscher des Volkes waren in Prunksucht verfallen. Sie suchten die Einheit des Reiches mehr in Diplomatie als in den Offenbarungen Gottes und seiner Propheten.

Hier beginnt bereits die Entwicklung, die in die Katastrophe des babylonischen Exils führt. Das Volk ist ohne die Vision von Gott und die »Schauungen« seiner Propheten. Es fehlt ihm damit der gemeinsame Blick in die Zukunft.

Von einer Mönchsgemeinschaft wird erzählt: Es war einmal ein Kloster, in dem nur noch sehr wenige Mönche lebten. Es kamen auch nur noch wenige Menschen, um sich von dem Gebet dort Kraft für ihr Leben und ihren Glauben zu holen. Die Mönche wanderten langsam durch die Kreuzgänge und priesen Gott mit schwerem Herzen. Da fasste der Abt eines Tages einen Entschluss. Er ging zu dem Einsiedler, der am Rande des Klosterwaldes wohnte. Der Einsiedler bat ihn in seine Hütte und wies ihm einen Platz, sich zu setzen. Der Abt tat wie ihm geheißen, doch dann hielt er es nicht mehr länger aus und klagte dem Alten all sein Leid.

»Du hast wirklich eine schwere Last zu tragen«, sagte der Einsiedler, »die Last der Unwissenheit.« Der Abt war erstaunt, doch der Andere fuhr fort: »Du hast es noch nicht bemerkt: In eurer Mitte ist der Messias. Er ist nur verkleidet.« Es war eine Weile still. »Geh jetzt«, sagte der Einsiedler. Da eilte der Abt schnellen Schrittes ins Kloster zurück und erzählte seinen Brüdern von dem Gespräch.

Die Mönche schauten sich an: »Der Messias unter uns? Wer ist es? Vielleicht Bruder Gabriel oder Bruder Josephus?!« Aber wen sie auch betrachteten, alle hatten sie ihre Fehler. Der eine sprach dem Wein zu, der andere war faul. Wenn nun aber die Unzulänglichkeit und Schwäche die Verkleidung ist, unter der der Messias verborgen wäre? Die Mönche sahen einander plötzlich mit anderen Augen, ja, sie bekamen eine ganz andere Art des Umgangs miteinander: ehrfürchtig, aufmerksam und liebevoll. Das sprach sich herum, und plötzlich kamen auch wieder Menschen und mochten hier neue Kraft schöpfen. Schließlich baten sogar junge Männer, in das Kloster eintreten zu dürfen.

Das hebräische Wort für Offenbarung bzw. Vision bedeutet »Gesicht« oder »Schau«. Gemeint ist ein prophetischer Einblick in die Dimension Gottes. Es ist nicht einfach nur ein Traum von beruflicher Karriere, Partnerschaft, Familie, Haus oder Weltreise, obwohl das alles gut sein kann. Es geht mehr um eine von Gott durch den Heiligen Geist geschenkte Sicht für das Leben und für die Bestimmung in dieser Welt. Eine göttliche Vision, die mein Leben in einen größeren Zusammenhang mit dem Heilsplan Gottes und mit den anderen Menschen stellt.

Beim Durchsehen von 10 verschiedenen Bibelübersetzungen fand ich folgende Übersetzungen für dieses hebräische Wort: *Offenbarung, prophetische Offenbarung, Prophetisches Wort, Weisung von Propheten, prophetische Vision*, oder einfach *Vision*. Ich bevorzuge das Wort Vision, weil es am griffigsten ist und aufzeigt, dass es um eine geistliche Gesamtschau geht. Wer eine Vision von Gott hat, muss deshalb aber nicht gleich ein Prophet sein. Da gibt es noch einen wichtigen Unterschied. Der Prophet (griech. *prophetes*, hebr. *nabi*) ist ein von Gott Berufener mit einem konkreten Auftrag zur Verkündigung und Auslegung göttlicher Offenbarung und Wahrheit, die als Botschaft an einzelne Menschen, Gruppen oder Völker gerichtet ist.

Mit einfachen Worten ausgedrückt will uns der Text Salomos sagen: *»Der Einzelne wie die Gemeinschaft verwahrlosen, wenn sie keine klare Schau von Gott für ihr Leben haben.«* Das gilt für den Einzelnen sowie für die Ehe, jede Familie, ein Volk und einen Staat – und auch für jede Gemeinde: Ohne Vision haben sie keine Zukunft. Unser Leben braucht eine Richtung, die nicht aus unseren eigenen Ideen stammt und auch nicht aus der Überlegung anderer Menschen. Denn wir Menschen sind »nur« die Akteure in dem Weltgeschehen, wir brauchen die Sicht von jemandem, der den ganzen Überblick hat. Eine wahre Lebensvision kommt allein von Gott, unserem Schöpfer. Er kennt uns genau und er hat einen wunderbaren Plan für jeden von uns. Um diesen Plan für das Leben geht es – und natürlich auch um dessen Umsetzung.

Für mich sind Visionen eher Vorstellungen von einem erfüllten Leben. Dahin führen ja viele Wege, ganz persönliche, individuelle Wege. Und sie führen keineswegs nur über den breiten Boulevard des »vie en rose«, wie die Franzosen sagen, also über die Rosenstraße des schönen, unbeschwerten Lebens. Sie führen oft über zahlreiche Hindernisse und Beschwernisse, die aber, wenn sie einmal überwunden sind, das Leben erst lebenswert machen. Sie führen beispielsweise über ein erfülltes Familienleben, über die Musik und die Kunst, über Sport und Kultur, die ganze Breite der Möglichkeiten, die uns Gott geschenkt hat und aus der wir selbst aus dem Vollen schöpfen können.

Liebe Leserinnen und Leser: Was ist Ihre Vision vom Leben? Versuchen wir gemeinsam, in den Kapiteln dieses Buches Antworten auf diese Frage zu finden.

DIE KAPITEL DES BUCHES

Eine Vision ist immer ein Anfang, eine Idee. Sie ist noch im Werden, »in statu nascendi«. Sie bedarf der Entwicklung, der Ordnung. Manchmal ist eine Vision auch, wie Platon sagt, eine Idee, die als solche nicht Realität wird, sondern einfach bleibt.

Wer das erkennt, geht auch viel gelassener mit einem weit verbreiteten Phänomen unserer Zeit um: dem Perfektionismus. Denn Visionen leben nicht vom Perfektionismus, sondern von der Kreativität.

Nun ist der ganz private Perfektionismus – Psychologen bezeichnen ihn als eine Form von Autismus – eher ein persönliches Drama. Wird er jedoch im beruflichen oder öffentlichen Bereich ausgelebt, kann er auch in Missbrauch ausarten, kann hart und unmenschlich machen.

Damit meine ich weniger das Berufsleben, in dem Perfektionismus im Sinne fehlerfreier Arbeit, die häufig gefordert und unerlässlich ist, wenn auch nicht immer möglich. Ich spreche vom privaten Leben. Dort greift, wie ich beobachte, immer penetranter ein Trieb um sich, der nicht zu den menschlichen Urtrieben wie Nahrung, Schlaf und Sexualität zählt. Er ist auch nicht unbedingt nützlich und lebens- oder arterhaltend, sondern eher schädlich und selbstzerstörerisch: **19**

Das Streben nach Perfektion ist an sich nichts Schlechtes. Perfektionismus und übertriebener Ehrgeiz sind nur dann gefährlich, sowohl für uns selbst als auch für unsere Mitmenschen, wenn wir unsere Selbstachtung und unser Selbstwertgefühl vom Erfolg abhängig machen.

Perfektionisten lenken ihre Aufmerksamkeit oft darauf, Fehler und Schwächen bei sich und anderen zu entdecken. Sie sind deshalb auch in ständiger Furcht, Fehler zu machen und zu versagen, haben gleichermaßen Angst vor Ablehnung wie vor Erfolg, weil sie nie zufrieden sind mit dem, was sie erreicht haben.

Vor den Gefahren des Perfektionismus warnten bereits die Wüstenmütter und Wüstenväter im 3. Jahrhundert. Gerade weil sie Gott auf absolute Weise suchte, empfand Maria von Alexandria ihr eigenes Streben und das ihrer Mitschwestern und -brüder, Gott ganz zu begreifen, als anmaßend und bat deshalb den heiligen Antonius, sie von dieser Sünde zu befreien. Er gab ihr zu verstehen, dass alle Menschen Kinder Gottes sind und dank seiner Gnade Anteil haben werden an seinem Reich, dass sie auf dem Weg dahin aber mit unseren Fehlern und Schwächen leben müssen.

Angst vor Fehlern kann die Kreativität lähmen

Perfektionisten tun sich nicht nur sehr schwer im Leben, sondern ihr Anspruch ist auch ein sicheres Mittel, um auf Dauer unglücklich zu sein, da sie letztendlich immer wieder daran scheitern werden. Eine absolute Perfektion gibt es ohnehin nicht, da sie stets von subjektiven Beurteilungen anderer und von äußeren Einflüssen abhängig ist. Zudem wird ein Perfektionist nie mit sich zufrieden sein, weil er immer das Gefühl hat, er hätte es noch besser machen können. Außerdem vergleicht er sich ständig mit anderen Menschen. Doch dabei genügt es ihm nicht, genauso gut zu sein, sondern er möchte ja besser sein als andere.

Diese fixe Idee mündet in einen dauernden Wettkampf, den man nicht gewinnen kann. Denn man wird schnell feststellen müssen, dass es immer jemanden gibt, der etwas besser kann als man selbst. Und so empfindet ein Perfektionist die Tatsache, dass er nicht immer und in jedem Bereich der Beste ist und dass es immer möglich sein wird, etwas noch zu verbessern, schnell als ein persönliches Scheitern und Versagen. Am Ende steht nicht selten das Burn-out.

Mit diesen Symptomen meine ich weniger das Berufsleben, in dem Perfektionismus häufig im Sinne fehlerfreier Arbeit gefordert und unerlässlich ist, beispielsweise im medizinischen Bereich, wo kleinste Ungenauigkeiten weitreichende Folgen haben können.

Der Perfektionstrieb

»*Keiner kann aus seiner Haut heraus*«, hört man auch immer wieder vor allem dann, wenn uns etwas schiefgegangen ist. Ist das wirklich so? Das impliziert ja, dass man irgendwann in diese Haut geschlüpft ist. Wir werden gewiss nicht geboren mit der einen oder anderen Eigenart. Wir können sie aber im Lauf unseres Lebens erwerben, im Guten wie im Schlechten.

Nichts soll uns davon abhalten, Visionen in unserem Leben zu entwickeln. Damit meine ich vor allem, die jedem innewohnenden Talente nicht einfach schlummern zu lassen, sondern sie herauszufordern und mit Leben zu erfüllen.

Eine persönliche Vision wird also sein: Erkennen wir unsere Talente und entfalten *wir* sie. Sie werden neue Möglichkeiten entdecken.

Visionen bedeuten auch:

DAS UNMÖGLICHE DENKEN, DAS MÖGLICHE WAGEN

Die Weltgeschichte erzählt zahlreiche und lehrreiche Beispiele von Visionen und Visionären, meist von gescheiterten. Wer aber nach den Gründen für das Scheitern forscht, wird immer wieder auf das zerstörerische Geschwisterpaar der Maßlosigkeit und des Größenwahns treffen.

Im Traum soll dem makedonischen König Alexander (*356 v. Chr. in Pella/Makedonien, † 322 v. Chr. in Babylon, dem heutigen Bagdad), dem später das Attribut »der Große« verliehen wurde, nach der Schlacht von Issos 333 v. Chr. in Kleinasien (der heutigen Türkei) ein Reich erschienen sein, das weit über die damals bekannten Grenzen der Welt hinausging. Es sollte noch größer sein als das persische Achämiden-Großreich, das damals mächtigste der antiken Welt.

Alexander befragte am nächsten Morgen seine Orakel und die Sterndeuter. Die sagten ihm, es sei unmöglich, mit seiner Armee von 15.000 Kriegern größere Eroberungsfeldzüge zu unternehmen, die beispielsweise die Grenzen Persiens überschritten. Sie sagten ihm auch, er müsse zuerst das Mögliche wagen, um das Unmögliche, das ihm im Traum erschienen war, zu denken oder gar zu erreichen.

Die weiteren Feldzüge Alexanders sind geschichtlich dokumentiert: Er besiegte in mehreren Schlachten den Perserkönig Dareios, zog über den heutigen Irak und Afghanistan bis nach Indien, wo er bis dahin unbekannte Fürstentümer unterwarf und in seinen Herrschaftsbereich eingrenzte. Er starb, 34-jährig, auf dem Rückzug in Babylon (Bagdad). Sein Grab, das eines der größten des Altertums gewesen sein soll, ist unbekannt.

Warum dieser kleine geschichtliche Exkurs zu einer der schillerndsten Personen der Weltgeschichte?

Alexander, zu dem sein Vater Philippus gesagt haben soll: »*Geh, mein Sohn, und suche dir ein eigenes Königreich, das deiner würdig ist*«, wagte auf dieser Suche das Unmögliche, überschritt, vor den Römern, sämtliche Grenzen seiner Zeit. Aber auch seine eigenen. Er kannte dabei, wie sein Lehrer Archimedes noch zu seinen Lebzeiten feststellte, keine Demut: »*Um ein wirklich Großer zu sein, fehlte es ihm an Mäßigung.*«

König Alexander hat auf seine Berater und das Orakel nicht gehört. Sein Traum von der Herrschaft über die antike Welt des Ostens scheiterte an seiner Maßlosigkeit. Spekulieren liegt mir eigentlich fern. Aber wenn ich über die Zeitläufte hinweg überlege: Wie hätte sich die damalige Welt entwickelt, hätte Alexander bei Issos entschieden:

Kleinasien ist genug, damit habe ich mein Reich um das Fünfzigfache vergrößert. Das muss ich erst einmal konsolidieren. Hätte es dann jemals ein osmanisches Reich gegeben oder die heutige Türkei? Oder den Krieg in Syrien? Hätte, wenn ...

Die Weltgeschichte kennt noch viele weitere Beispiele solchen Eroberungs-Größenwahns: die Römer, die ihr Reich von West- und Südeuropa bis nach Kleinasien ausdehnten, bevor es in ein Ost- und ein Westreich mit den Zentren Rom und Konstantinopel zerfiel und sich dann ganz auflöste, das Frankenreich unter Karl dem Großen, das nach ihm in drei Teile zerbrach, das Frankenreich (Deutschland), das Merowingerreich (Frankreich) und Lothringen, und sich später im »Heiligen Römischen Reich Deutscher Nation« manifestierte.

Im Jahr 1241 erreichte das Reitervolk der Mongolen unter Batu Khan, dem Enkel von Dschingis Khan, in der Schlacht bei Liegnitz Westeuropa und eroberte große Teile des heutigen China. Das Großreich zerfiel in der nächsten Generation wieder, auch weil es seiner schieren Ausdehnung wegen unregierbar war.

Aus der jüngeren Geschichte sind die gescheiterten Versuche Napoleon Bonapartes im 19. Jahrhundert und Hitlers im 20. Jahrhundert, West- und Osteuropa zu beherrschen, in schmerzhafter Erinnerung als pathologischer

Größenwahn. Auch der Zerfall der Sowjetunion in den 90er Jahren des 20. Jahrhunderts zeigt die Grenzen unsinniger ideologischer Machtpolitik auf.

Allen selbsternannten großen Eroberern gemeinsam war die fehlende Kunst, sich selbst und die eigenen Möglichkeiten zu erkennen und richtig einzuschätzen. Auch deshalb stellt uns der heilige Benedikt die Tugend der Mäßigung, die Discretio, in allen Dingen zur Seite, die uns hilft, das Richtige nicht nur zu erkennen, sondern auch zu tun.

Erkennen Sie Parallelen zu demokratisch gewählten Eroberern und Machthabern in unserer Zeit?

Auch für Visionen gilt: Gut Ding braucht Weile

»Was möchtest du denn einmal werden?«
Sind Sie in Ihrer Kindheit und Jugend auch öfter mit dieser Frage konfrontiert worden?

Eine spontane Antwort auf diese direkte Frage fällt in diesem Alter oft nicht leicht, gerade weil man spürt, dass eine solche, und zwar möglichst konkret, erwartet wird.

Früher, noch in den 50er oder 60er Jahren, wurden auf dem Land berufliche Entscheidungen für die Kinder in der Regel von den Eltern getroffen, denn normalerweise begann man mit vierzehn Jahren, gleich nach der Volksschule, eine handwerkliche oder kaufmännische Lehre.

Zwei Generationen später gibt es kaum noch Großfamilien in der Landwirtschaft und nur noch wenige Handwerker, die ihre kleinen Betriebe an die nächste Generation weitergeben. Die Enkel besuchen meist höhere Schulen oder studieren – ein Privileg, das in meiner Generation allerdings nur wenigen vorbehalten war – und sie treffen ihre beruflichen Entscheidungen in der Regel selbst.

Hier halte ich einen Moment inne: Denn ich vermute, viele tun sich häufig richtig schwer bei Entscheidungen, die Eltern ihnen nicht mehr abnehmen können.

Bei der Berufswahl geht es schließlich um eine grundlegende Entscheidung für eine Zukunft, die heute niemand mehr mit einer solchen Bestimmtheit vorhersehen kann wie unsere Vorfahren. Es sei denn, man ist wirklich für einen bestimmten Lebensweg berufen wie wir Mönche. Und auch bei vielen Kandidaten gibt es ja keinen geraden Weg aus der Jugend bis ins Alter. In unsere Klöster kommen heute viele Mitbrüder, die vorher völlig andere Berufe erlernt und ausgeübt hatten, vom Handwerker bis zum Wissenschaftler.

Nicht jede Berufswahl ist heute eine lebenslange, endgültige.

Und doch: Jede Berufswahl, die selbst getroffen wird, wächst langsam aus einer Verbindung von erlerntem Wissen und bestimmten Fähigkeiten sowie aus Talent, Kreativität und Neigungen heran. Herz und Hirn ringen dabei häufig jahrelang miteinander um den inneren Konsens.

Denn die Wahl unseres Berufes ist Ausdruck unserer Individualität. Ob wir gerne kreativ oder künstlerisch arbeiten, lieber hart anpacken oder Freude daran finden, anderen Menschen zu helfen – das alles ist ein ureigener Teil unseres Selbst.

In modernen Jobs werden ganz unterschiedliche Anforderungen gestellt. In dem einen benötigt man Geschicklichkeit, im anderen technisches Verständnis, mal ist Kreativität gefragt, mal braucht man eine robuste Gesundheit. Und manchmal schon in der Ausbildung eine sehr hohe Verantwortungsbereitschaft. In vielen Berufen benötigt man aber auch eine Kombination dieser und anderer Fähigkeiten, in jeweils unterschiedlichen Ausprägungen. Um später im Beruf erfolgreich sein zu können, sollte man die Richtungen auswählen, die den eigenen Begabungen am meisten entgegenkommen.

Dennoch wissen viele Schulabgänger nicht, welche Möglichkeiten sie haben und mit welchem Beruf sie auch längerfristig glücklich werden könnten. Eignungstests helfen bei der Orientierung, sie informieren Schüler und Studenten über ihre individuellen Stärken und Schwächen und das dazu passende Berufsbild.

Auch für Berufstätige existieren solche Tests, vor allem wenn es um die berufliche Neu- oder Umorientierung geht. Sie sind wichtig für jeden, der sich konkrete Tipps für die Berufswahl erhofft. Die Tests liefern ganz persönliche Resultate, weil sie gezielt nach Interessen und Talenten fragen. Im Ergebnis werden dann bereits ziemlich genaue Berufsvorschläge gemacht, inklusive einer ausführlichen Beschreibung von Tätigkeiten und Aufstiegsmöglichkeiten.

Folgen wir unserem inneren Wegweiser

Wer mit einem Navigationsgerät unterwegs ist und ein Ziel eingegeben hat, hört nach jeder Richtungsänderung eine automatisierte Ansage: *»Folgen Sie dem Streckenverlauf auf 21 Kilometer.«* Oder: *»Wenn möglich, bitte wenden.«*

Jeder von uns hat einen inneren Wegweiser, der ihn mit Beharrlichkeit immer wieder auf den richtigen Weg, den geraden Weg zurückführen will: unser Gewissen. Es ist von unserem Schöpfer so eingestellt, dass es uns bei Abweichungen oder Verirrungen auf einen falschen Pfad immer wieder in die ideale Position einpendeln will.

Unser Gewissen nimmt uns keineswegs die Freiheit, einem falschen Weg nicht weiter zu folgen. Es klopft nur ganz sanft an und will uns sagen: *»Es ist besser für dich, wenn du jetzt wendest und auf den geraden Weg zurückkehrst. Dann kommst du schneller und sicherer ans Ziel.«*

Folgen wir diesem guten Rat nicht, bekommen wir leicht ein *»schlechtes Gewissen«*, denn der *»Gewissenswurm«* in uns lässt so leicht nicht locker. Gewinnen wir diesen Konflikt, ist uns wieder leichter ums Herz, verlieren wir ihn, tragen wir eine mehr oder weniger schwere Bürde mit uns herum.

Unsere Visionen und Vorsätze folgen einem ähnlichen Prinzip: Halten wir sie ein – oder folgen wir zumindest der richtigen Richtung, die wir ja kennen und die wir uns vorgenommen haben –, erfreuen wir uns an Erfolgserlebnissen, die uns weiter aufbauen und noch stärker machen. Wir fahren in der Spirale weiter nach oben.

Vergessen wir unsere Vorsätze aber oder lassen sie einfach als Abfall am Rand unseres Lebensweges liegen, kommen sie uns als Misserfolgs-Erlebnisse wieder entgegen und lassen uns missmutig und mutlos werden.

Selbstmotivation durch Erfolgserlebnisse ist ein besonders eleganter Weg, eine Art Navigator. Wir Menschen sind, von unserer göttlichen Veranlagung her, mehr fürs Gelingen geschaffen, nicht fürs Misslingen.

Allerdings trainieren wir hier nicht für einen Start beim Marathonlauf (obwohl auch das ein Vorsatz sein kann), sondern nehmen uns so viel Bewegung vor, dass wir uns bald wohler fühlen als jetzt. Fangen wir also an!

Lassen Sie uns zur Kirche spazieren oder einen Ausflug zu einer Kirche machen, die Sie schon lange besuchen wollten, und dort Gott danken, dass er Sie gerufen hat, eine Viertelstunde bei ihm zu verweilen.

Wollten Sie nicht schon lange ein Museum an Ihrem Wohnort oder Umkreis besichtigen? Erfüllen Sie sich diesen Vorsatz, sobald Sie Zeit haben. Schreiben Sie eine Liste der Wunschorte auf, die Sie unbedingt sehen wollen.

Oder lassen Sie ganz einfach einmal los, wo immer Sie auch sind. Setzen Sie sich an einen stillen Ort, fern von Menschen und dem Lärm der Welt, hören und schweigen Sie, mit einem Lächeln auf den Lippen.

Es sind die kleinen Seelenstreichler und Glücksmomente, die uns auf unserem Weg weiter voranbringen.

Die Kunst, sich selbst zu finden

»Non scholae, sed vitae discimus« – Nicht für die Schule lernen wir, sondern für das Leben.

Dieser Spruch steht über den Eingangsportalen zahlreicher Schulen überall in der Welt geschrieben. Ein Klassiker, und ein beliebtes Schulaufsatzthema vor allem an humanistischen Gymnasien. Er dreht einen Satz des römischen Philosophen und Naturforschers Lucius Annäus Seneca (4 v. Chr. – 65 n. Chr.) aus seinen Briefen an Lucilius Junior um: »*non vitae sed scholae discimus.*«

Welche Bedeutung Seneca diesen Worten verleihen wollte, hat er uns in diesem Brief selbst mitgeteilt:

»*Lebensweisheit liegt offener zu Tage als Schulweisheit; ja sagen wirs doch gerade heraus: Es wäre besser, wir könnten unserer gelehrten Schulbildung einen gesunden Menschenverstand abgewinnen. Aber wir verschwenden ja, wie alle unsere übrigen Güter an überflüssigen Luxus, so unser höchstes Gut, die Philosophie, an überflüssige Fragen. Wie an der unmäßigen Sucht nach allem anderen, so leiden wir an einer unmäßigen Sucht auch nach Gelehrsamkeit: Nicht für das Leben, sondern für die Schule lernen wir.*«

Es ist schon aufschlussreich an sich, dass Seneca sich kritisch mit dem römischen Bildungssystem seiner Zeit auseinandersetzt, ebenso aber auch, dass man damals bereits überflüssigen Schulstress erkannte und hinterfragte: Was ist wirklich wichtig für das spätere Leben: gepauktes Wissen oder gesunder Menschenverstand?

Der individuelle Wert der Schulbildung liegt meiner Meinung nach, damals wie heute, in der Vorbereitung auf ein Leben des »bei sich Seins«. Das heißt des selbstständig Werdens. Dazu gehört zu lernen, seine Stärken und Schwächen zu erkennen, zu unterscheiden, wie man beides richtig einschätzt, und dann seine Entscheidungen zu treffen.

Wer diese humanistische Lehre angenommen hat, wird auch seine Visionen richtig interpretieren.

Erkenne dich selbst – Nichts im Übermaß

»Gnóthi seautón« – Erkenne dich selbst – und »Meden ágan« – Nichts im Übermaß: Diese Worte sollen, der Überlieferung nach im 6. Jahrhundert vor Christus, über dem Eingang zum Apollo-Tempel von Delphi in Stein gemeißelt worden sein. Es sind zwei Grundwerte der griechischen Philosophie. Uralte Werte.

Bei meinen jährlichen Exerzitientagen stelle ich diese Worte gern als Leitgedanken voran. Denn diese »Apollonischen Weisheiten« finden sich auch in der Regel des heiligen Benedikt von Nursia, unseres Ordensgründers, wieder. Benedikt war ein universell gebildeter Mann, er kannte die Weisungen früherer Regeln, die Kirchenväter und vor allem das Alte und Neue Testament, von dem seine Regel durchtränkt ist, vermutlich auch die antiken Philosophen.

Benedikt sieht seine Regel nicht als niedergeschriebenen Willen Gottes, sondern als einen Weg, unser Leben, so gut es geht, nach Gottes Willen auszurichten. In der Antike war noch der Mensch das Maß aller Dinge. Mit Gott als der Mitte unseres Lebens will Benedikt der Welt einen neuen Maßstab geben, ohne uns, wie er schreibt, »Hartes oder Drückendes« aufzuerlegen, denn er kennt die Schwächen seiner Mitbrüder ebenso wie unsere.

Im Kapitel 49 seiner mehr als 1500 Jahre alten und heute noch erstaunlich aktuellen Ordensregel legt Benedikt uns die Mäßigung in allen Dingen ans Herz:

»Gehen wir also in diesen Tagen (der Fastenzeit) über die gewohnte Pflicht unseres Dienstes ein wenig hinaus durch besonderes Gebet und durch Verzicht beim Essen und Trinken.«

Darin schließt Benedikt nicht nur Essen und Trinken ein, sondern auch alle anderen Gewohnheiten der Menschen. Er will uns zur Bescheidenheit ermahnen und meint es gut mit uns, denn er bedenkt die schädlichen Folgen von Maßlosigkeit, die auch zur Sucht werden kann.

Das richtige Maß, die »Discretio«, die rechte Mitte, die uns Benedikt empfiehlt, ist nichts we-

niger als eine »Goldene Regel« für unser Leben. Er nennt sie »die Mutter aller Tugenden«. Sie ist eine der prägenden Weisheiten, die er nicht nur uns Mönchen auf den Lebensweg mitgibt:
Kurz beschrieben ist die Discretio
- die Kunst der Mäßigung in allen Dingen, sie steht auch für Bescheidenheit, das Sich-selbst-zurücknehmen-Können,
- die Kunst der Unterscheidung in allen Dingen, sie steht auch für Demut, Vertraulichkeit, Treue und Zuverlässigkeit, und
- die Kunst der Geduld mit sich selbst und den Mitmenschen und des Ausharrens in allen Lebenslagen.

Wir sehen: In seiner ganzen Vielschichtigkeit steht der Oberbegriff der Discretio, die mit dem Alter, der Erfahrung und dem Leben wächst, letztlich für die erfüllte Kunst, im Einklang mit sich selbst, den Mitmenschen und dem göttlichen Willen zu leben. Dabei wachsen im Laufe eines Lebens auch die Wertigkeiten der Discretio mit.

Hildegard von Bingen (1098-1179), die Universalgelehrte ihrer Zeit, nennt die Discretio die »weise Maßhaltung und Unterscheidung«.

Maßlosigkeit war und ist offenbar zu allen Zeiten die Versuchung schlechthin. Doch wussten bereits die Philosophen des Altertums, dass

Maßlosigkeit im wörtlichen Sinn weitreichende Folgen haben kann.

Die vielen verschiedenen Formen der Sucht in unserer Zeit – Alkohol-, Tabletten-, Drogen-, aber auch Arbeits- und Spielsucht – sprechen für die gesundheits- und persönlichkeits-schädigenden Folgen von Maßlosigkeit. Sie alle sind Fehlentwicklungen, die aus ungestillter Sehnsucht nach einem heilen Leben erwachsen.

Ausgewogene und maßvolle Lebensführung, so lehrt uns Hildegard von Bingen, kann dagegen diesen ungesunden Entwicklungen vorbeugen und so eine gesunde Grundlage für eine neue Lebenskultur und Lebensfreude schaffen.

Beim rechten Maß geht es auch um das, was man heute »Lebensstil« nennt. Wir brauchen die Anstrengung ebenso wie die Ruhe, die Stille ebenso wie die Unterhaltung, die Hinwendung zum Mitmenschen ebenso wie die Hinwendung zu Gott. Wir suchen diese Harmonie.

Hildegard, die nach der Benediktsregel lebte, hat diese heilbringende Lebensordnung im Bild der Harmonie beschrieben. Sich einfügen in das Ordnungsgefüge der Welt, mitschwingen in der Harmonie des Kosmos und des Lebens, darum ging es ihr.

Sie wusste auch, dass jeder von uns, jederzeit, nach eigenem Willen und in Freiheit das richtige Maß der Lebenskunst wiederfinden kann. Sie schrieb: »*Oh Mensch, du hast das Wissen um das Gute und Rechte in dir selbst. Deshalb kannst du dich durch nichts entschuldigen.*«

Sie beschrieb auch mit wunderbar eindringlichen Worten das Transzendente der benediktinischen Lebensweise und -kunst:

»*Nur wer sich selbst loslassen kann, dem ist es auch möglich, sich selbst zu überschreiten – bis hinein in die Unendlichkeit Gottes.*«

Um ein häufiges Missverständnis der Benediktsregel gleich zurechtzurücken: Benedikt legt uns das rechte Maß ans Herz, nicht das Übermaß, aber auch nicht die Mittelmäßigkeit, die Aktivität statt der Passivität. Das Nichtstun ist für ihn ebenso schädlich wie das Zuvieltun. Er hält nichts von »entweder – oder«, sondern mehr von Ganzheitlichkeit und Ausgleich wie bei »ora et labora et lege«. Wenn wir eines der beiden Prinzipien übertreiben, werden wir entweder zu Arbeitstieren oder zu Gebetsmaschinen. Das aber sind keine wirklichen Alternativen.

Suchen wir lieber nach der wirklichen Lebenskunst: Wer alles erreichen will, wird nichts erreichen, wenn er sich nur in die Arbeit stürzt. Er wird seine Lebensfreude und seine Freunde verlieren. Wir können uns bemühen, wie wir wollen, ohne Gott schaffen wir doch nichts. Wenn wir unser eigenes Leben nur über die Arbeit definieren, dann verkümmern wir.

Dabei ist Benedikt mit dem Lob der Mitte nicht der Erste. Bereits Aristoteles hatte den Begriff »Mesotes« (griechisch Mitte) in die Ethik eingeführt und damit jenen Ort bezeichnet, an dem zwischen einander entgegengesetzten Tugenden, dem »Zuviel« und dem »Zuwenig«, die Tugend sitzt. Als Beispiel nennt er die Tugend der Tapferkeit, die bei »Mesotes« zwischen Tollkühnheit und Feigheit angesiedelt ist.

Die Benediktsregel ist ganz wesentlich von dieser relativen Sichtweise geprägt. Benedikt legt die Mitte nicht fest, weil er weiß, wie verschieden die Menschen von ihren Anlagen und Charakteren her sind. Er ermutigt uns vielmehr, unsere jeweils eigene Mitte selbst zu finden. Das rechte Maß zu finden ist deshalb zwar ein Akt unserer persönlichen Freiheit, aber auch eine ständige Herausforderung mit der Frage: Übertreiben wir nicht irgendwo? Für mich ist dies das Geniale an der Benediktsregel: Sie verhindert Freiheit nicht, sondern schafft sie.

Wir wissen aber auch, dass wir fehlbar sind. Benedikt sagt dazu im Prolog, Vers 36: »*Deshalb sind uns die Tage dieses Lebens als Frist gewährt, damit wir uns von unseren Fehlern bessern.*«

Das lässt sich auch auf unsere Visionen beziehen.

Visionen, die uns beflügeln können

Mit Visionen können wir uns Ziele setzen, die beflügeln, wie:»mehr Sport treiben«,»Freundschaften besser pflegen«,»mehr Bücher lesen« und »ehrenamtlich tätig werden«. Je weniger konsumorientiert oder an kurzfristigen Scheinerfolgen ausgerichtet sie sind, desto eher tragen sie uns nach vorn.

Sport und Musik, zwei stabile Säulen fürs Leben

Während »mehr Sport treiben« in allen Visions-Ranglisten einen vorderen Platz einnimmt, ist »Musik lernen oder spielen« offenbar kein vordringlicher Wunsch vieler Menschen. Deshalb möchte ich hier eine Lanze für die Musik brechen, für die aktive, selbstgespielte Musik ebenso wie für das passive Erleben und Hören, wann und wo auch immer.

Beide zusammen, Sport und Musik, sind tragende Säulen für ein erfülltes Leben. Beide zusammen können uns gesund und glücklich machen, an Körper und Geist. Die belebende Wirkung von Musik auf unser Gehirn ist wissenschaftlich erwiesen.

Zum Verhältnis von Körper und Geist finden wir übrigens auch sinnvolle Hinweise in der Bibel, die eine körperfeindliche Haltung durchaus widerlegen. Im Buch Jesus Sirach, einem der Lehrbücher des Alten Testaments, lesen wir: »*Ein gesunder Leib ist besser als großes Gut. Ein Leben in Gesundheit ziehe ich dem Golde vor und frohen Sinn den Perlen.*« (Sir 30,15)

Selbstliebe in der Weise, dass wir auf unseren Körper achten sollen, gehört also der Bibel nach zu unserer Natur. Indem wir uns nicht vernachlässigen, sondern den gesunden Geist in einem gesunden Körper wohnen lassen, dienen wir nicht nur uns selbst, sondern auch unseren Mitmenschen: Wir bleiben bis ins hohe Alter weniger anfällig für Krankheiten und Gebrechen, erhalten unsere Leistungsfähigkeit und Selbstständigkeit.

Um die Bedeutung der Musik für unser Leben, vor allem für unsere Seele, zu erläutern, fällt mir spontan das Zitat von Friedrich Nietzsche ein: »*Ohne Musik wäre das Leben ein Irrtum.*« Für mich könnte ich hinzufügen: Ohne Musik kann ich nicht leben. Mit Musik stehe ich auf, mit Musik schlafe ich ein. Musik, in welcher Form auch immer, ist ein Geschenk Gottes von Menschen für Menschen, die schönste Botschaft, die wir senden können. Kein Tag ohne Musik.

Eines der größten Geschenke, die mir unser Gymnasium in St. Ottilien bereitet hat, war die musikalische Erziehung. Ich durfte das Querflötenspiel erlernen, das ich heute noch fast täglich übe. Später kam die E-Gitarre hinzu, mit der ich bis vor kurzem unsere frühere Schüler-Rockband »Feedback« noch gelegentlich verstärkte.

Dabei ist es weniger wichtig, ob wir Musik nur hören, also passiv erleben, oder auch spielen. Wer kein Instrument beherrscht, kann noch immer singen, allein, für sich, oder besser, in einem Chor. Ich empfehle allen: Singt – es macht euch frei und glücklich. Kein Gebet erfreut Gott so wie ein gesungenes Lied, und ihr selbst werdet den göttlichen Funken spüren, den Ludwig van Beethoven so unsterblich intoniert hat. Wer singt, betet doppelt.

Von Beethoven stammt auch das Zitat: »Musik ist höhere Offenbarung als alle Weisheit und Philosophie.« Übrigens ist wissenschaftlich erwiesen: Singen hält körperlich und geistig fit und ausgeglichen.

Mehr als Fitness – Vorsorge

Die notwendige körperliche und seelische Fitness, die unsere Lebensqualität entscheidend mitträgt, ist durch die Zivilisationskrankheiten in unserer Zeit stark gefährdet. Das kostet nicht nur viel Geld im Gesundheitssystem – es kostet auch ganz persönlich Lebensqualität und Lebenszeit.

Deshalb: Gönnen Sie sich Zeit, es ist unser Leben, von Gott geschenkt. Und vergessen wir nicht, ihm täglich dafür zu danken, zu beten, und, wann immer uns danach ist, ein Lied zu singen.

Als soziale Wesen können wir in allem, was wir miteinander bewegen und tun, ob beim Sport in der Gemeinschaft oder mit Singen und Spielen in einem Chor oder Orchester, Befriedigung und Freude finden.

Es sind diese Werte, die unser Leben ganz besonders bereichern. Sie gewinnen noch an Wert, wenn wir sie gemeinsam erfahren, denn wir sind füreinander geschaffen.

Im Februar 2018 hörte ich in den Nachrichten des Deutschlandfunks eher zufällig diese Meldung: Die 27-jährige Katharina Wolff, Mitglied der CDU-Fraktion in der Hamburger Bürgerschaft und Sprecherin des sozialpolitischen Ausschusses ihrer Partei, fordert die neue damals Generalsekretärin ihrer Partei und jetzige Vorsitzende, Annegret Kramp-Karrenbauer, auf, im künftigen neuen Grundsatzprogramm der Partei klare Visionen zu den Themenkreisen demografische Entwicklung, Generationenvertrag und Digitalisierung aufzunehmen.

Die Meldung machte mich neugierig. Deshalb sah ich im bisherigen Grundsatzprogramm der Partei aus dem Jahr 2007 nach, welche programmatischen Thesen zu diesen Schlüsselthemen darin zu finden sind.

Es war mehr als dürftig. Außer der ebenso beruhigenden wie banalen Absichtserklärung, dass die Rente auch für die nächste Generation zu sichern sei, kein Wort über die demografische Entwicklung und ihre unmittelbaren Auswirkungen auf die Arbeitswelt und den Generationenvertrag. Thema »Digitalisierung und Ausbau von schnellen Netzsystemen«: Fehlanzeige.

Der Weckruf von Frau Wolff, so überflüssig er 43

mir zunächst schien, war also tatsächlich berechtigt. Auch im Programm der Großen Koalition stand dazu so gut wie nichts Visionäres.

Mich wundert, dass das wichtigste Zukunftsthema bei uns mit einer seltsamen Aura des Tabus, des Verschweigens behandelt wird: die Bevölkerungsentwicklung. Die demografischen Fakten liegen schließlich auf dem Tisch und lassen sich allerorten nachvollziehen: Wir sind eine schrumpfende – und alternde – Gesellschaft. Hier die wichtigsten statistischen Daten:

- Seit 1972 liegt die Zahl der jährlichen Sterbefälle über der Zahl der Geburten. Diese negative Bilanz wurde vor allem mit dem »Pillenknick« begründet.
- Seit 2002 nimmt die Gesamtzahl der Bevölkerung stetig ab. Auch die Einbürgerungen aus den EU-Ländern können den Trend nicht umkehren.
- Innerhalb der nächsten Generation, bis 2050, wird die Bevölkerung weiter abnehmen, von derzeit ca. 81,8 Millionen auf 68 bis 74 Millionen, also zwischen 10 und 20 Prozent.

Die Prognostiker und Trendforscher berufen sich bei dieser Annahme vor allem auf die Entwicklung nicht nur in Deutschland, sondern auch in Staaten wie Japan und den USA, und verweisen auf die wirtschaftlichen Unsicherheiten in diesen Ländern.

Andere meinen, dies sei normal in Gesellschaften mit relativ hohem Wohlstandsniveau und langen Friedensperioden. Wahrscheinlich haben sie Recht, denn die Geschichte lehrt uns nicht erst seit der »Pax Romana«, der langen Friedensphase des Römischen Reiches unter Kaiser Augustus, dass in Zeiten allgemeinen Wohlstands die Geburten zurückgehen. Und in demokratischen Gesellschaften wie der unseren lassen sich Kinder auch nicht von oben verordnen wie in Diktaturen. Wir müssen im Gegenteil eher damit rechnen, dass in künftigen Generationen noch weniger Kinder geboren werden.

Wenn wir der Frage nachgehen, warum eine Gesellschaft wie die unsere auf Kinder, die Zukunft bedeuten, verzichtet, müssen wir nicht nur über das Wohlstandssyndrom und den mit ihm einhergehenden Egoismus sprechen, sondern auch von den Bedingungen, unter denen wir leben und unter denen Kinder aufwachsen.

Hier sprechen wir vom knappen und teuren Wohnraum, vor allem in den Städten, von raren Kita- und Kindergartenplätzen, von überfüllten Schulen, von der Überlastung von Doppelverdienern, vom Karriereknick vor allem bei den Frauen, von unsicheren Zukunftsaussichten, vom Verzicht auf Vieles, vor allem auf freie Zeit ...

Häufig fällt dann die Entscheidung für ein Kind spät, zu spät, oder eben gar nicht.

Noch aussagekräftiger, um nicht zu sagen dramatischer, sind jedoch zwei weitere Kennzahlen:

- Im Jahr 2050 werden voraussichtlich doppelt so viele 60-Jährige bei uns leben wie Neugeborene, und
- der Anteil der Menschen im erwerbsfähigen Alter zwischen 20 und 60 Jahren wird nach heutigen Prognosen von 54,4 Prozent im Jahr 2018 auf 46,2 Prozent zurückgehen.

Wir spüren diese schleichenden Veränderungen in unserer Gesellschaft meist erst dann, wenn sie uns persönlich treffen. Meist durch Todesfälle in unseren Familien, im Bekannten- und Freundeskreis. Je kleiner dieser Kreis, desto mehr haben wir daran Anteil. Wir Ordensleute beispielsweise sind besonders betroffen, wenn ganze Gemeinschaften aufgelöst werden müssen, weil der Nachwuchs fehlt. Besonders die Frauenorden müssen das erfahren, und mich schmerzt es jedes Mal, wenn ein Kloster mit Jahrhunderte langer Geschichte geschlossen werden muss.

Alle diese soziologischen Veränderungen sind alarmierend, für uns und mehr noch für die Verantwortlichen in der Politik. Denn davon hängt letztlich der derzeit gültige Generationenvertrag ab, der für den sozialen Ausgleich zwischen der erwerbsfähigen Bevölkerung und der im Ruhestand sorgt.

Der Generationenvertrag hat ja viele Aspekte. Dass eine arbeitende Generation solidarisch für die vorhergehende im Altersruhestand aufkommt, ist der eine. So war es früher ja auch in den bäuerlichen Großfamilien, in denen Austragsbauer und -bäuerin weiter bis zum Lebensende versorgt wurden und Teil der Familie blieben, mit wichtigen Betreuungsaufgaben für die Generation der Enkel. Dieser menschliche Aspekt des Sich-aufeinander-verlassen-Könnens hat noch meine Generation geprägt.

Ein zweiter Aspekt ist nicht weniger wichtig: Es ist die menschliche Wärme, die auch diejenigen einschließt, die leistungsmäßig nicht so mithalten können, wie es unsere anonyme Gesellschaft einfordert, ohne auf die einzelne Person zu achten.

Wenn also der Generationenvertrag, wie er seit Bismarcks Zeiten lautet: *eine Generation* für *die* nächste – dann hat er künftig, genauer gesagt: bereits heute, keine wirtschaftliche Grundlage mehr. Wegen der Überalterung unserer schrumpfenden Gesellschaft sollen künftig immer mehr Rentner und Pensionäre von immer weniger arbeitenden Menschen versorgt werden.

Das kann so nicht funktionieren. Wir alle wissen das. Und wir wissen, dass Handlungsbedarf besteht. Warum sprechen wir nicht offen darüber? Nicht morgen, sondern jetzt.

Immer mehr Deutsche sind entschlossen, im Alter länger zu arbeiten. Jeder Achte will über die bisherige Ruhestandsgrenze hinaus seinen Beruf ausüben. Der Anteil derjenigen, die später in Rente gehen wollen, hat sich damit seit 2002 mehr als verdoppelt, das ergab eine Umfrage des Instituts für Demoskopie Allensbach im Auftrag der Bertelsmann-Stiftung. Gleichzeitig halbierte sich der Anteil jener, die früher als vorgesehen in den Ruhestand gehen möchten. »Ein Trend zur Akzeptanz eines längeren Berufslebens ist deutlich erkennbar«, folgert André Schleiter von der Bertelsmann-Stiftung. Der Grund dafür ist, dass die Angst vor der Altersarmut wächst. Zwei von drei Deutschen sehen in der Alterung der Gesellschaft vor allem Gefahren. So erwarten 80 Prozent von ihnen mehr arme Rentner und höhere Beiträge an die Rentenkasse. Die Ergebnisse der Umfrage passen zu anderen Studien etwa des Deutschen Gewerkschaftsbundes, wonach vier von fünf Bürgern fürchten, im Alter nicht genügend Geld zu haben.

Die Ergebnisse sollten die Debatte anheizen, ob das Altersversorgungssystem durch größere Reformen stabilisiert werden muss. Wer heute 65 wird, lebt im Schnitt noch fast 20 Jahre. Entfallen auf einen Ruheständler derzeit noch drei Bürger im Erwerbsalter, die seine Rente finanzieren können, werden es in 15 Jahren nur noch zwei sein.

Die Bertelsmann-Daten zeigen, dass die Bürger den demografischen Wandel deutlich skeptischer sehen als noch vor drei Jahren.

Die derzeitige Bundesregierung will die Deutschen beruhigen, indem sie beschließt, das seit Jahrzehnten sinkende Rentenniveau bei 48 Prozent des Durchschnittslohns zu stabilisieren – zumindest bis zum Jahr 2025.

Als Vizekanzler und Finanzminister Olaf Scholz (SPD) die Renten-Zukunftsfrage bis 2040 im politischen Sommerloch des Jahres 2018 plötzlich auf die Tagesordnung stellte, erhielt er prompt Gegenwind vom Koalitionspartner CDU. Deren Fraktionsvorsitzender Volker Kauder konterte, das Thema stehe nicht im Koalitionsvertrag und man solle doch die Vorschläge einer Kommission abwarten, die bis 2020 daran arbeite. Scholz hatte es allerdings auch versäumt, eigene Vorschläge zur Rentenlochfinanzierung vorzulegen. Um eine öffentliche Dauerdiskussion zu vermeiden, wurde das unbequeme Thema im Kabinett mit der Leerformel befriedet, die Renten bis 2025 auf dem derzeitigen Höchstniveau von 48 Prozent des berechnungsfähigen Einkommens festzuschreiben. Darüber hinausgehende Konzepte sollen der Kommission vorbehalten bleiben.

Dabei sagen Wirtschaftswissenschaftler längst voraus, dass unser Rentensystem ab 2023 – also nach Ablaufen des Koalitionsvertrages –

ins Minus gerät, sich also aus sich heraus nicht mehr finanzieren kann. Die Rentenforscher des Max-Planck-Instituts für Sozialrecht und Sozialpolitik in München haben errechnet, dass in den folgenden Jahren eine »unbezahlbare Finanzierungslücke« entsteht.

Um das Niveau der Leistungen für die Rentenempfänger abzusichern, müsste der Staat dann mit Steuermitteln einspringen. Im Jahr 2025 wären dies elf Milliarden, im Jahr 2030 bereits 45 Milliarden, 2035 steigt der Finanzierungsbedarf auf 80 und 2048 auf 125 Milliarden. Das wäre nach heutigem Steueraufkommen etwa ein Drittel des Staatsbudgets.

Das bedeutet natürlich, dass diese Steuermittel im Haushalt an anderen Stellen fehlen. Und dass die Steuern erhöht werden müssten, zum Beispiel die Mehrwertsteuer um drei bis sechs Prozent.

Je nach Wirtschaftslage ist dies mit mehr oder weniger großen Einschnitten in allen Gebieten unseres sozialen Gemeinwesens verbunden. Für die Sozialversicherten selbst bedeutet dies aber auch, selbst mehr für die Altersvorsorge tun zu müssen – wer es sich leisten kann.

Eine nachhaltige Lösung kann aber letztlich nur in einer mehrstufigen Therapie des Systems liegen, bei der einerseits das Rentenniveau sinkt – sehr schmerzhaft für Millionen Rentner –, andererseits der Beitragssatz steigt – schmerzhaft für die einzahlenden Arbeitnehmer – und außerdem in einer verlängerten Lebensarbeitszeit – schmerzhaft für viele.

So wird es wohl kommen. Je später aber die verantwortlichen Politiker dies über die Wahlperioden hinweg einsehen, desto härter werden die Folgen für viele sein. Die jetzige Regierung darf sich jedenfalls nicht länger vor diesen Erkenntnissen drücken.

Die wirklich schwierige Zeit kommt aber ab 2030, wenn ein großer Teil der geburtenstarken Jahrgänge im Ruhestand ist. Um das Rentenniveau auch dann noch zu halten, müssten Arbeitnehmer und Unternehmen ohne weitere Veränderung statt heute weniger als 20, nach manchen Prognosen bis zu 30 Prozent Beitrag in die Rentenkasse zahlen. Das wäre ein hoher Preis. Zahlreiche Ökonomen fordern daher, das Alterssystem nicht nur über höhere Beiträge oder Steuern, sondern auch über längeres Arbeiten zu stabilisieren. Also das Rentenalter, das ohnehin schrittweise auf 67 erhöht wird, weiter nach hinten zu verschieben. »Eine Verlängerung des Rentenalters macht es leichter, das Alterssystem so zu finanzieren, dass vernünftige Renten rauskommen«, sagt Gert Wagner, Vorsitzender des Sozialbeirates der Bundesregierung. Bisher lehnen das aber alle Parteien ab.

Ein Trend zur Akzeptanz eines längeren Berufslebens ist deutlich erkennbar

Die Umfrage zeigt jedenfalls, dass viele Deutsche beginnen, anders über einen späteren Ruhestand zu denken.

Was nötig ist, um die Akzeptanz zu steigern, darüber grübeln Forscher jetzt verstärkt. Traditionell haben die Deutschen ein eher negatives Bild zur verlängerten Lebensarbeitszeit, beschreibt Andreas Kruse, Direktor des Instituts für Altersforschung der Uni Heidelberg: »Im kulturellen Bereich halten wir das Arbeiten bis ins hohe Alter für selbstverständlich, bei Politikern auch, aber bei normalen Berufen halten wir es für völlig exotisch.« Der Psychologe glaubt, dass den Bürgern die Vorteile längeren Arbeitens angesichts deutlich längerer Lebenserwartung besser erklärt werden müssten als bisher: »Mir geht es auf den Geist, dass Arbeitgeber das so hinknallen: Zack, arbeiten bis 70!«

Längeres Arbeiten kommt für Kruse nur infrage, wenn die Bedingungen dafür verbessert werden. Etwa indem Beschäftigte durch eine langfristige Weiterbildung sich für neue Aufgaben qualifizieren, die sich im Alter besonders gut ausüben lassen. »Menschen ab 60 müssen das Gefühl bekommen, dass sie ihre körperliche und geistige Entwicklung selbst gestalten können.« Wenn Beschäftigte erkennen, was sie für ihre berufliche Leistung tun können, sehen sie das Alter anders – positiver.

Durch Einheitslösungen wird die soziale Ungleichheit verstärkt

Kruse hat interessante Erfahrungen in Modellprojekten bei Firmen gemacht, etwa bei der Deutschen Bahn. Lokführern beispielsweise nimmt heute der Computer einige Tätigkeiten ab. Sie müssen aber stets konzentriert sein, um etwa Signale zu erkennen und zu deuten, egal, was der Computer anzeigt. Wird die Konzentration gezielt gefördert, können auch ältere Beschäftigte die Arbeit zuverlässig erledigen. Zu Beginn des Modellprojekts planten viele 60-Jährige, vorzeitig in den Ruhestand zu gehen. Als sie gesehen hatten, wie sich Fähigkeiten trainieren und dazulernen lassen, wollten sie auf einmal doch noch länger bleiben – manche gar über das normale Rentenalter hinaus.

Der Ökonom Gert Wagner will ein späteres Rentenalter erst diskutieren, wenn einige Voraussetzungen geschaffen werden:»Sachlich wie politisch entscheidend wäre es, das Thema darüber anzugehen, dass man die Gesundheit der Arbeitnehmer verbessert.« In belastenden Jobs, etwa auf dem Bau oder in Schlachthöfen, könnten die Beschäftigten derzeit gar nicht länger tätig sein. Ändern lasse sich das nur durch ernsthafte gesundheitliche Prävention. Er fordert zudem: »Man müsste jene, die bisher belastend arbeiten, frühzeitig zu weniger belastenden Tätigkeiten umschulen oder weiterqualifizieren.«

Und auch wenn das geschehen würde, gäbe es immer noch viele Arbeitnehmer, die nicht bis 69 arbeiten könnten. Für sie fordert Wagner spezielle Angebote, wenn das Ruhestandsalter angehoben wird. Wer aus gesundheitlichen Gründen früher aufhört und eine Erwerbsminderungsrente erhält, dürfe dadurch nicht in die Armut rutschen. André Schleiter von der Bertelsmann-Stiftung setzt sich angesichts der unterschiedlichen Lebensläufe dafür ein, dass der Altersübergang eben auch unterschiedlich gestaltet wird. »Durch Einheitslösungen wird die soziale Ungleichheit verstärkt.«

Die gebetsmühlenartig wiederholte Aussage des damaligen Bundesarbeitsministers Norbert Blüm aus dem Jahr 1986, »*Die Rente ist sicher*«, ist von der Realität längst überholt, sie gilt nicht mehr. Sie wurde in den letzten Jahren auch von keinem anderen Sozialpolitiker wiederholt. Konkrete Zusagen werden von verantwortlichen Politikern aller Parteien vermieden wie das Weihwasser vom Unaussprechlichen. Man spricht nicht gern darüber, schon um Rentenempfänger, die in Zukunft die größte Wählergruppe stellen, nicht zu verunsichern. Altersarmut ist schließlich hierzulande längst kein Gespenst mehr, sondern allerorts bereits Realität.

Welche Visionen brauchen wir?

Um den sozialen Frieden in unserem Land nicht aus der Balance geraten zu lassen – schließlich geht es bei der Rente um erworbene Rechte und Ansprüche –, müssen wir dringend, möglichst bereits in diesem Jahrzehnt, neue, funktionierende und sozial für die Generationen verträgliche Lösungen bereitstellen. Es geht darum, eines der wichtigsten Güter in unserer Gesellschaft, die Verlässlichkeit von Leistungszusagen, zu verteidigen.

Deshalb erstens: Wir können es uns schon lange nicht mehr leisten, Menschen jenseits der Lebensmitte ab 60 Jahren pauschal aus dem Arbeitsleben hinauszudrängen. Dies gilt sowohl für ihren Leistungsbeitrag als auch für ihre Erfahrung und ihr Wissen. Natürlich muss man hier zwischen den Berufen und deren Anforderungen unterscheiden. Handwerker wie Dachdecker und Fliesenleger, die ihr Arbeitsleben lang körperlich hart gefordert sind, können nicht mit akademisch-geistigen Berufen wie Uni-Professoren oder Entwicklungs-Ingenieuren über einen Verrentungs-Kamm geschoren werden.

Um einer drohenden Altersarmut und Konflikten zwischen den Generationen vorzubeugen, müsste es eine umlagenfinanzierte Basisrente geben für alle, die nicht auf eine Betriebsrente oder ein drittes Bein wie die Riester-Rente zurückgreifen können. Natürlich kann niemand von seiner eigenen Verantwortung für eine finanzielle Absicherung entbunden werden. Nur ist das oft eine Illusion, und es wird in Zeiten, in denen Millionen im Niedriglohnsektor arbeiten oder als Freiberufler und Selbstständige nicht ausreichend Rücklagen erwirtschaften konnten, ein noch viel dramatischeres Problem werden.

Im Klartext: Die heutige Erwerbsgeneration ist die letzte, die einen Generationenvertrag erfüllen muss, von dem sie heute bereits weiß, dass ihre Kinder, von denen es zu wenige gibt, ihn werden brechen müssen.

Die Gefahr dabei ist, dass dies die Gesellschaft zu spalten droht. Die durch hohe Sozialversicherungsbeiträge strapazierten jüngeren Berufstätigen werden den Rentnern vorwerfen, ein gepflegtes Altersdasein auf ihre Kosten zu genießen, die Rentner wiederum, die sich einen bescheidenen Wohlstand in einem mindestens 45-jährigen Berufsleben verdient haben, werden die zahlende

Generation verdächtigen, ihnen die Butter auf dem Brot nicht mehr zu gönnen.

Unser Arbeitsmarkt bricht unten weg – was ist zu tun?

Die Verbände der Arbeitgeber, die sonst in unserem Land eher zu den vorsichtigen Bewahrern der freien Marktwirtschaft zählen, warnen bereits seit Jahren davor, dass uns auf allen Ebenen die Mitarbeiter ausgehen. Bei den nahezu eine Million Handwerksbetrieben ist das längst Realität: Im Jahr 2017 konnte fast jede zehnte der offenen 570.000 Auszubildendenstellen nicht besetzt werden. Die Folge: Immer mehr Betriebe müssen schließen – in einem boomenden Markt.

Die Schweizer Marktforschungsgesellschaft Prognos AG hatte schon 2009 in einer Studie darauf hingewiesen, dass nicht nur Fachkräfte und Handwerker knapp werden und bis zum Jahr 2015 fast drei Millionen Arbeitskräfte hierzulande fehlen werden. Konkret: mehr als eine Million mit Hochschulabschluss, 1,3 Millionen Facharbeiter und mehr als eine halbe Million Mitarbeiter ohne Hochschulabschluss.

Und das in einem Land, das auf die duale Berufsausbildung aus Betrieb und Berufsschule als besondere Errungenschaft für hohe Qualifikation im internationalen Vergleich stolz ist. In dem aber gleichzeitig jeder zehnte Schüler ohne jeden Abschluss von der Schule geht – mit entsprechend schlechten Aussichten auf dem Arbeitsmarkt.

Sind das die Verlierer von morgen? Wenn wir sie mit diesem Makel brandmarken und sie damit gleichsam verloren geben – leider ja. Dann tragen wir allerdings auch die Mitschuld, wenn wir diesen jungen Leuten keine Perspektive mehr geben. Unsere Aufgabe und Pflicht sollte aber sein, ihnen Mut zu machen, das Gefühl zu geben, dass wir sie brauchen – und ihnen gleichzeitig neue Chancen in Form von Weiterbildungsprogrammen geben. Niemand darf verloren gegeben werden!

Die Geschichte der Menschheit zeigt eine ununterbrochene Leidenskette an Kriegen, Vertreibungen, Neuansiedlungen und Integration. Das Buch Exodus im Alten Testament berichtet uns über diese Völkerschicksale in exemplarischer Weise.

In unserer jüngeren Geschichte haben wir aus eigenem Erleben die Vertreibung von mehr als zehn Millionen Menschen aus Ostpreußen, Schlesien und dem Sudetenland als Folge des Zweiten Weltkrieges in Erinnerung. Sie sind längst, in zweiter oder dritter Generation, integriert und ein unverzichtbarer Teil unserer Gesellschaft.

In den 60er und 70er Jahren kamen Millionen von damals angeworbenen Gastarbeitern überwiegend aus der Türkei zu uns. Sie wurden dringend gebraucht, um unser Wirtschaftswunder mit ihrer Arbeit voranzubringen. Sie kamen als Muslime mit ihrer eigenen Sprache, aus ihrem eigenen Kulturkreis, und blieben.

Heute leben sie, mehr als drei Millionen Menschen, meist bereits in der zweiten Generation unter uns, aber nicht immer mit uns. Denn viele von ihnen, vor allem aus der ersten Generation der Einwanderer, sind nie richtig integriert (worden).

Man kann durchaus feststellen, dass von beiden Seiten, sowohl vom politischen Willen unseres Staates als auch von der Bereitschaft vieler Einwanderer aus der Türkei und anderen islamisch geprägten Ländern, die Integration bisher auf vielen Gebieten weitgehend misslungen ist.

Aus diesen Gründen sind vielerorts parallele Gesellschaften entstanden, die genau die Folge von falscher oder fehlender Integration sind. Wer sich die Frage stellt, warum eine Mehrheit türkischstämmiger Mitbürger das autoritäre Regime des Staatspräsidenten Erdoğan unterstützt, findet in diesen Parallelgesellschaften vielleicht die Antwort.

Spätestens seit dem Jahr 2015 hat uns als direkte Folge der Bürgerkriege in Syrien und Afghanistan, aber auch durch die zum Teil gesteuerte Armuts-Zuwanderung aus afrikanischen Ländern eine dritte Emigrationswelle mit inzwischen mehr als zwei Millionen Menschen erreicht. Sie ist seither auch zum Auslöser politischer Auseinandersetzungen geworden, hat sogar mehr oder weniger zum Erfolg einer rechtsradikalen Partei geführt.

Dabei sollte uns allen eines klar sein: Die Bundesrepublik ist maßgeblich von der Zuwanderung abhängig: Bis 2050 dürfte die Bevölkerung im erwerbsfähigen Alter um elf Millionen Menschen abnehmen – selbst wenn pro Jahr im Saldo 200.000 Migranten dazukommen sollten. Mit diesem Problem steht Deutschland in der Europäischen Union nicht alleine da. Die Forscher des regierungsnahen Berlin-Institutes für Bevölkerung und Entwicklung fordern: »Es sind massive Anstrengungen vonnöten, um Zuwanderer aus Nicht-EU-Ländern zu gewinnen.«

Dann kommen aber wieder die Skeptiker zu Wort: Wie können wir diese Menschen aus verschiedenen Kulturen integrieren? Oder anders gefragt: Will unser Staat diese Menschen, die bei uns Zuflucht und eine neue Zukunft suchen, wirklich integrieren? Oder hoffen wir, dass sie möglichst bald wieder in ihre Herkunftsländer zurückkehren?

Das Wort »Integration« ist abgeleitet vom lateinischen »integrare«, das »erneuern«, »ergänzen« oder »geistig auffrischen« bedeutet. Besonders die letztere der drei Bedeutungen hat es mir angetan, weil sie auch eigene Aktivität einschließt.

Was sagt das Bundesministerium des Innern als zuständige Koordinationsbehörde dazu?

»Deutschland ist ein weltoffenes Land. Die Integration der auf Dauer und rechtmäßig in Deutschland lebenden Zuwanderinnen und Zuwanderer ist eine der wichtigsten innenpolitischen Aufgaben. Ziel von Integration ist es, alle Menschen, die dauerhaft und rechtmäßig in unserem Land leben, in die Gesellschaft einzubeziehen. Dies betrifft die Gewährung von Rechten genauso wie die Beachtung von Pflichten.«

Und die Bundesregierung bezieht über ihr Presse- und Informationsamt ebenso eindeutig Position:

»Deutschland ist ein weltoffenes Land. Hier leben rund 15 Millionen Menschen aus Zuwandererfamilien. Das sind mehr als 18 Prozent der Bevölkerung. Deshalb ist Integration eine Schlüsselaufgabe unserer Zeit. Die Bundesregierung hat dieses Thema zu einem Schwerpunkt ihrer Arbeit gemacht.

Erfolgreiche Integration bedeutet gleichberechtigte Teilhabe am gesellschaftlichen Leben und Übernahme von Verantwortung. Dafür sind Anstrengungen des Staates und der Gesellschaft, aber auch der Zuwanderer selbst notwendig. Gute Deutschkenntnisse, gute Bildung und die Aufnahme in den Arbeitsmarkt stehen dabei im Vordergrund.«

Bereits im Juli 2006, neun Jahre vor der großen Immigrationswelle, hat auf Einladung der Bundeskanzlerin erstmalig ein Integrationsgipfel stattgefunden. Ziel war es, bis zum Sommer 2007 ein gemeinsames integrationspolitisches Konzept zu erarbeiten. Dieser Gipfel sollte eine neue Entwicklung in der Gesellschaft anstoßen.

Das Ergebnis hat die Bundeskanzlerin beim zweiten Integrationsgipfel im Juli 2007 vorgestellt: den Nationalen Integrationsplan. Entwickelt wurde er nach zwei Leitlinien:

1. Dialog mit den Migrantinnen und Migranten – mit ihnen reden, nicht über sie.

2. Von jedem Beteiligten Selbstverpflichtungen einfordern, denn jeder kann einen Beitrag zum Gelingen von Integration leisten.

So weit, so gut. Oder nur schöne Worte und Absichtserklärungen? Wie sieht die Lage der Migranten in der Bundesrepublik wirklich aus?

Dieser Frage sind Forscher des Berlin-Instituts für Bevölkerung und Entwicklung in der Studie »Neue Potenziale« nachgegangen, die im Juli 2014 in Berlin vorgestellt wurde. Die Wissenschaftler haben dafür die Daten des Mikrozensus 2010 ausgewertet. Der Mikrozensus ist eine von den Statistischen Ämtern des Bundes und der Länder durchgeführte Bevölkerungsbefragung, die etwa 800.000 Menschen erfasst.

Doch wann ist ein Zuwanderer eigentlich integriert? Aus der Sicht des Berlin-Instituts ist Integration dann gelungen, »wenn die durchschnittliche wirtschaftliche und soziale Lebenslage der Migranten beim Mittelwert der Gesellschaft angekommen ist«.

2009 hatte das Institut seine erste Studie zum Thema veröffentlicht – seither hat sich die Integration von Migranten leicht verbessert. Hauptverantwortlich dafür ist nach Einschätzung der Forscher die verbesserte Wirtschaftslage. Von der sinkenden Arbeitslosigkeit haben auch Migranten profitiert. Trotzdem sind bundesweit Menschen

mit Migrationshintergrund zwei- bis dreimal so
häufig arbeitslos wie Einheimische.

**Die wichtigsten Erkenntnisse der Studie »Neue
Potenziale«:**

- Menschen mit Migrationshintergrund werden
  der einheimischen Gesellschaft immer ähnlicher. Sie werden als Gruppe älter, sie leben
  häufiger allein, gründen seltener Familien und
  haben in den Familien weniger Kinder.
- Spätestens seit 2005 liegt der Akademikeran-
  teil unter den Zuwanderern deutlich über dem
  Mittelwert der einheimischen Bevölkerung.
  »Von einer ›Armutszuwanderung‹ als Mas-
  senphänomen kann keine Rede sein«, stellen
  die Forscher klar. Das ist eine Folge des Fach-
  kräftemangels in Deutschland. Längst wer-
  ben Unternehmen keine geringqualifizierten
  Gastarbeiter mehr an, sondern gut ausgebildete Personen. Trotzdem sind viele hochqua-
  lifizierte Migranten ohne adäquaten Job.
- Zahlreiche andere Migranten vererben ihren
  geringen Bildungsstand jedoch an ihre Kinder.
  So macht unter den hierzulande geborenen
  Türken jeder vierte Abitur – das liegt deutlich
  unter dem Wert der Einheimischen von 43 Prozent. Türken stellen nach Spätaussiedlern die
  zweitgrößte Migrantengruppe und zeigen die

stärksten Integrationsprobleme. Ganz anders Zuwanderer aus Asien: Ihnen gelingt es sogar, zu einem Drittel häufiger Abitur zu machen, als es unter Einheimischen üblich ist.

Die türkischen Mädchen schließen die Schule deutlich häufiger mit dem Abitur ab als die Jungen. »Generell gehören unter allen Migranten die Frauen zu den Bildungs- und damit Integrationsgewinnern«, konstatiert das Berlin-Institut. Trotzdem schaffen es viele in Deutschland geborene Kinder von hochqualifizierten Einwanderern nicht, das Bildungsniveau ihrer Eltern zu halten. Sie sind überproportional häufig unter Schulabbrechern zu finden.

Das Magazin »Focus« sieht die bisherige Integrationspolitik als problembehaftet an:

»Insgesamt ist die Zuwanderung aus muslimischen Ländern in Deutschland und in Europa keine Erfolgsgeschichte. Dafür tragen nicht nur Muslime die Schuld.

Fast jede Migrationsgeschichte ist schwierig und mit vielen Ängsten verbunden. Doch fast immer ist es nur eine Frage der Zeit und des Generationenwechsels, bis Migrantenkinder sich heimisch fühlen. Spätestens ab der dritten Generation beherrschen Migrantenkinder nicht nur die Sprache ihrer neuen Heimat, sondern identifizieren sich mit dem Land sowohl kulturell als auch emotional. Das gilt für die

Iren in den USA, die arabischen Juden in Israel oder Vietnamesen in Europa.

Anders ist die Situation der arabisch- und türkischstämmigen Migranten in Europa. Jede neue Generation fühlt sich eher mit der Herkunftskultur verbunden und ist der neuen Heimat gegenüber skeptischer. Belege dafür liefern die Zahlen der Erdoğan-Anhänger, der Salafisten und ihrer Sympathisanten, der Gefährder und Terroristen. Fundamentalismus, Antisemitismus wachsen. Islamisten und kriminelle Clans haben die Kontrolle über Migrantenviertel erlangt.«

Die Forscher der Studie »Neue Potenziale« fordern daher einen Ausbau der frühkindlichen Bildungsangebote, um Kinder aus Migrantenfamilien zu fördern. Auch strukturell müsse sich manches verbessern: »Das durch den Föderalismus stark zerklüftete deutsche Bildungssystem ist schon für Einheimische schwer zu durchschauen«, urteilt die Studie. »Ein bundesweit einheitlicheres Bildungssystem würde es auch Migranten erleichtern, den größten Nutzen daraus zu ziehen.«

Die Bundesrepublik leidet unter den Folgen einer jahrelang verfehlten Integrationspolitik, konstatieren die Forscher. Die Bildungsdefizite der Einwanderer, die einst als Gastarbeiter nach Deutschland kamen, ließen sich angesichts des Alters dieser Menschen kaum beheben.

Insgesamt sei die gesellschaftliche Akzeptanz für Integration gewachsen, schreiben die Wissenschaftler. Die Deutschen hätten erkannt, dass die Wettbewerbsfähigkeit der Wirtschaft maßgeblich vom Zuzug ausländischer Fachkräfte abhänge. Auch sei inzwischen unumstritten, dass es notwendig sei, die hier lebenden Migranten besser zu integrieren. Nach aktuellen Umfragen fühlen sich zwar nahezu 60 Prozent der Zuwanderer bei uns »gut bis sehr gut« integriert. Im Umkehrschluss sind aber 40 Prozent der Meinung, »nicht bis nicht genügend« integriert zu sein.

Im übrigen erscheint die Sorge vieler Skeptiker in unserem Land, zu denen auch Politiker zählen, Flüchtlinge ließen sich kaum in unseren Arbeitsmarkt integrieren, unbegründet: Denn die Bundesanstalt für Arbeit meldet erstaunliche Zahlen. Ende 2017 gingen bereits 216.000 Flüchtlinge aus den acht wichtigsten Herkunftsstaaten in Deutschland einer sozialversicherungspflichtigen Arbeit nach. Das ist jeder vierte Flüchtling aus Syrien, dem Irak, Iran, Afghanistan, Pakistan, Somalia, Eritrea und Nigeria. Geschätzte 300.000 geringfügig Beschäftigte vor allem in der Gastronomie sind darin nicht enthalten wie auch diejenigen, die sich selbstständig gemacht haben. Damit haben mehr als die Hälfte der Flüchtlinge den Berufseinstieg in kurzer Zeit geschafft und gezeigt, dass sie sich nicht nur selbst ernähren und versorgen, sondern vielfach auch ihre Familien unterstützen können.

Sprache ist der Anfang von allem

Gute Nachricht oder schlechte Nachricht: Nur die Hälfte der Migranten schafft den Deutschtest am Ende eines Integrationskurses. Das ist für diejenigen mit Vorurteilen ein guter Grund zum Jammern und Klagen: über gescheiterte Integration, gescheitertes Bemühen. Über fehlende Konzepte, fehlenden Fleiß. Über Behörden, die es nicht packen, und Ausländer, die nichts auf die Reihe kriegen und sich einreihen in das wachsende Heer der Chancenlosen, der Hartz-IV-Empfänger, der Nichtintegrierbaren.

Man könnte die Nachricht aber auch umdrehen: Fast die Hälfte der Flüchtlinge *schaffte* 2017 den Deutschtest. 48,7 Prozent der 289.751 Ausländer, die sich der Prüfung unterzogen, also etwa 150.000 Menschen, hatten am Ende das Sprachzertifikat B1 in der Tasche.

Wer B1 bestanden hat, hat bereits zwei Sprachkurse absolviert, A1 und A2. Wer B1 bestanden hat, hat insgesamt fast 600 Stunden Deutschunterricht absolviert. Er oder sie beherrscht die Sprache gut genug, um im Alltag schriftlich und mündlich klarzukommen.

Man kann damit zwar erst mal nicht Literaturwissenschaften studieren, aber es reicht, um im Supermarkt die Kasse zu bedienen, um Alte zu pflegen, um Grünanlagen zu pflegen, um Schlaglöcher zu flicken oder um Haare zu schneiden. Es reicht, um in Deutschland sein Leben in die eigenen Hände zu nehmen, es sich selbst zu *verdienen*. Es reicht auch, um weiter zu lernen, immer weiter.

Die Vision zur Integration

Wir sind bereits seit einem halben Jahrhundert auf dem Weg zu einer multikulturellen Gesellschaft. Das ist zwar nicht unbestritten, jedoch Realität, die wir annehmen und gestalten müssen. Denken wir nur an den großen Bedarf in den Pflege- und Sozialdiensten, den wir schon seit langem nicht mehr mit einheimischen Mitarbeitern decken können.

Die Integration von Zuwanderern ist deshalb eine der die Zukunft entscheidenden Aufgaben für unsere Gesellschaft. Wir können diese Aufgabe zwar ablehnen, aber wir werden sie nicht aus dem Weg räumen können. Wir sollten sie also aktiv gestalten, mit vielfältigen Bildungs- und Weiterbildungsangeboten die Integration erleichtern und ermöglichen. Dazu brauchen wir zuerst eine Willkommenskultur.

Dieser Kultur steht leider das in den vergangenen drei Jahren durch rechtsradikale Strömungen und Umtriebe ständig verschlechterte Integrationsklima in unserer Gesellschaft entgegen.

Ziel aller Integrationsbemühungen muss dann im nächsten Schritt die Inklusion sein, die so definiert werden kann:

»Inklusion ist nicht nur eine gute Idee, sondern ein Menschenrecht. Inklusion bedeutet, dass kein Mensch ausgeschlossen, ausgegrenzt oder an den Rand gedrängt werden darf. Als Menschenrecht ist Inklusion unmittelbar verknüpft mit den Ansprüchen auf Freiheit, Gleichheit und Solidarität.«

Zur Begriffsdefinition: Von *Integration* spricht man, wenn beide Gruppen zwar in einem Klassenzimmer gemeinsam unterrichtet werden, wenn sich durch dieses aber eine unsichtbare Demarkationslinie zieht. Denn Lehrkräfte wie Schüler wissen jeweils sehr genau, wer zu den Behinderten und wer zu den Nicht-Behinderten gehört. Eine solche Zuweisung macht sich an den einzelnen Handicaps fest: So ist Max nicht einfach Max, sondern »der Junge mit dem Down-Syndrom«, und Marie wird nicht einfach wie ein ganz normales Mädchen behandelt, sondern als »unsere sehbehinderte Mitschülerin« geführt.

Damit werden die behinderten Schüler in eine bestimmte Schublade gesteckt, bleiben für alle Zeiten auf ihr Handicap reduziert. In den integrativen Klassen wird die friedliche Koexistenz von behinderten und nicht-behinderten Schülern praktiziert, ohne dass sich diese einer solchen Kategorisierung entziehen könnten.

Demgegenüber geht das Programm der pädagogischen *Inklusion* von der Einzelpersönlichkeit des Schülers aus – und das ohne jede voreilige Etikettierung. Jeder Schüler wird hier als ein Mensch behandelt, der über bestimmte Stärken und Schwächen verfügt und der jeweils so gefördert wird, wie es seine persönliche Situation verlangt.

Max ist dann wirklich Max: ein Junge nämlich, der sich gerne kreativ betätigt und gut mit anderen zusammenarbeitet, auch ein Schüler, der sich nur schwer konzentrieren kann und viel zu schnell aufgibt. Und Marie ist dann wirklich Marie: eine Schülerin, die ihre Aufgaben umsichtig und selbstständig angeht, der aber ihr übergroßer Ehrgeiz manchmal einen Streich spielt.

Somit wird das Zwei-Klassen-System überwunden, das immer noch die Situation mancher integrativer Einrichtungen bestimmt. Denn die Inklusion nimmt jeden Schüler mit – weil es in der Schule wie im Leben ganz normal sein sollte, verschieden zu sein.

Das führt uns direkt zum nächsten Kapitel.

Wir sind eine wohlhabende Nation. Früher schmückten wir uns gern mit dem Attribut »Land der Dichter und Denker«. Wir haben nahezu 100 Nobelpreisträger hervorgebracht. Aber heute haben wir ein eklatantes Bildungsdefizit in Deutschland. Das beginnt bereits im Kindergarten und setzt sich dann in allen weiterführenden Schulen fort.

Auf den ersten Blick glaubt man nicht, wie tief das Bildungssystem in die Gesellschaft eingreift. Es begleitet jeden von uns buchstäblich von der Wiege bis zur Bahre. Vom Kindergarten über die Schule in die Universität und von den berufsbildenden Maßnahmen über die täglichen Medien bis hin zu Bildungsangeboten für Senioren. Doch dieses System steckt bereits seit Jahrzehnten in der Krise. Es ist vermasst, überfüllt und unterfinanziert, ineffektiv und unbeweglich, kaum konkurrenzfähig, reformresistent – wenn es dem deutschen Bildungswesen an einem nicht fehlt, sind es wohl Klagen über seinen miserablen Zustand.

Es geht dabei nicht vordergründig um die Ergebnisse der internationalen Schülerleistungsstudien wie TIMS*, PISA** sowie zuletzt IGLU***.

Derartige Maßstäbe können irreführend und problematisch sein, denn sie kaschieren die unterschiedlichen Kulturen, aus denen sie kommen. Niemand hierzulande würde das häufig als erzieherisches Beispiel herangezogene Drillsystem befürworten, das chinesischen Kindern auferlegt wird. Die Kritik setzt vor allem bei dem Punkt an, dass in Deutschland keine hinreichende Chancengleichheit in der Bildung existiert: Erstens gibt es in deutschen Schulen ein großes Leistungsgefälle zwischen den besten und den schwächsten Schülerinnen und Schülern, zweitens spielt deren Herkunft für den Schulerfolg eine große Rolle und drittens ist die Förderung der Schwächsten unbefriedigend.

TIMS (Third International Mathematics & Science Study)
**PISA (Programme for International Student Assessment)*
***IGLU (Internationale Grundschul-Lese-Untersuchung)*

Es fehlen Förderprogramme, Stipendien

Hier wird ein weiteres Defizit unseres Schulsystems sichtbar, zumindest verglichen mit dem der anglo-amerikanischen Länder: Wir haben, von einigen Ausnahmen wie privaten Stiftungen und der »Studienstiftung des deutschen Volkes« abgesehen, keine nennenswerten Förderprogramme für Hochbegabte. Studien-Stipendien machen bei uns weniger als ein Prozent der Hochschul-Studienplätze aus. Gerade für Kinder und Jugendliche aus Migrantenfamilien wäre dies eine große Chance und Hilfe, auch für die Integration, über die so viel gesprochen und für die so wenig getan wird. Das trifft besonders auf Kinder und Jugendliche mit muslimischem Hintergrund zu, denn hier gibt es große Unterschiede nach Ethnien und zum Teil auch nach Glaubensrichtungen.

In Deutschland verfügen zehn Prozent der Bevölkerung weder über einen Hauptschulabschluss noch über eine abgeschlossene Berufsausbildung. Dieser Tatbestand, bislang eher schamhaft umschrieben, wird neuerdings als »Bildungsarmut« bezeichnet. Wer davon betroffen ist, hat auf dem ohnehin verengten Arbeitsmarkt nur geringe Chancen. Aus der Bildungsarmut wird soziale Armut. Und wer arm ist, hat in unserem Bildungssystem von vornherein schlechtere Startbedingungen: Bildungsarmut ist erblich. Wer nicht in Deutschland geboren oder das Kind von nicht in Deutschland geborenen Eltern ist, hat in unserem Bildungssystem noch weniger Chancen – oder gar keine.

Wir geben unser wertvollstes Gut leichtfertig aus der Hand

Wir begreifen langsam, in welchem Bildungs-Notstand wir stecken. Wir dürfen uns fragen, ob unser Bildungssystem noch zukunftsfähig ist. Wir verstehen, dass wir als rohstoffarmes Land unser bisher wertvollstes Pfund, die Ausbildung, das Wissen und die Kreativität der jungen Menschen, leichtfertig aus der Hand geben, verspielen. Es geht nicht um Schwarzmalerei, aber wir können die Augen auch nicht vor dieser Dauerkrise in unserem Land verschließen.

»Die Schulen stehen in Flammen«, sagt Klaus Kinkel, der ehemalige Bundesaußenminister und heute Vorsitzender der Telekom-Stiftung, über den »Reparaturbetrieb« Schule und die mangelnden Investitionen in Bildung in unserem Land. Er nennt die Dinge beim Namen und legt den Finger in die Wunde einer verfehlten föderalistischen Bildungspolitik: »Die Politik redet zwar viel über Bildung. Aber bei den essenziellen Fragen geht sie nicht wirklich in die Tiefe.«

Dabei läuft uns die Zeit davon: Wir sind eine der Top-Wirtschaftsnationen, beim Export sogar Weltmeister. Technologisch gesehen befinden wir uns aber nur auf Platz 11 in der Welt. Wenn wir diesen Platz auch nur halten wollen, müssen wir uns künftig gewaltig anstrengen.

Es geht nicht um Rankings, sondern um unsere Kinder

Wir sollten uns jedoch nicht an Rankings orientieren. Es geht um unsere Kinder. Darum, ihre wunderbare Neugier wach zu halten. Und um ihre Chancen in der Gesellschaft. Es geht darum, Kinder wieder zu motivieren und ihnen Freude an der eigenen Leistung zu vermitteln. Aber genau da liegt das Problem. Wir lassen unglaublich viele Talente liegen – und deswegen haben wir ein technologisches und ein demografisches Problem. In den Wachstumsregionen unserer Republik geht uns der gute Nachwuchs bereits aus. Jeder Verantwortliche in der Politik und in den Verbänden weiß, dass die Wirtschaft vor einem dramatischen Fachkräftemangel steht.

Der Verein Deutscher Ingenieure (VDI) beklagt, dass bis zu 100.000 Ingenieure fehlen – in einem Land, das international noch als führend für Ingenieurleistung gilt oder bereits galt. Woher soll unser Jobmotor Mittelstand künftig den neugierigen Nachwuchs bekommen, wenn wir jedes Jahr ein Fünftel eines Jahrgangs als Risikoschüler entlassen? Wenn wir fünf Kinder haben, dann lieben und fördern wir doch alle fünf – und lassen nicht zu, dass eines nicht richtig lesen und rechnen lernt.

Wir kennen die Ursachen für unsere Bildungsmisere, wir kennen das Dilemma und tun doch so, als wären wir machtlos, ohnmächtig. Die Ursachen liegen tief in den Strukturen unserer Gesellschaft. Das beginnt in den Familien, in denen Kinder zu wenig Zeit und Zuwendung erfahren. Das setzt sich fort in den Kindergärten, die überfüllt und personell unterbesetzt sind. Kinder werden von da weitergegeben an die Grundschulen, in denen überforderte Lehrer hyperaktive Kinder nicht mehr bändigen können. Reparaturbetrieb Nr. 1, könnte man sagen.

In den weiterführenden Schulen – Reparaturbetrieb Nr. 2 – peitschen die Lehrer ihren Lehrstoff durch. Individuelle Förderung ist kaum möglich. Frustrierte Schüler und mit Bürokratie überfrachtete Lehrer am Rande des Burn-out sind die Opfer eines Systems, das nur noch mit übersprungenen Messlatten funktioniert. Das Abitur ist dann nur noch eine entwertete Eintrittskarte in die Hochschulen, in anonymisierte Wissensvermittlungsfabriken. Hochschulabschlüsse führen dann entweder in die Arbeitslosigkeit, weil sie am Markt nicht vermittelbar sind, oder in einen gnadenlosen Auswahlwettbewerb. Dies gilt besonders für Juristen und Betriebswirte und für die vielen bestens ausgebildeten Mediziner, die ins Ausland abwandern. Denn dort werden sie geschätzt. Für unsere Gesellschaft, die ihre

Ausbildung finanziert hat, sind sie jedoch dann meist verloren.

Das Abitur – und wohin dann?

Auf die Universität natürlich, werden Sie jetzt wahrscheinlich sagen. Bisher hatten Sie damit recht. Denn das Abitur war bisher ein »Zeugnis zur Erlangung der Hochschulreife«.

Das ist es auch weiterhin. Aber nur noch bedingt, eingeschränkt. Denn das Abitur, noch in den 80er, 90er Jahren eher ein Privileg für ein Drittel aller Schüler, ist heute nahezu ein Standardabschluss für gut zwei Drittel aller Schüler.

Großartig, das ist gelebte Demokratie: Hochschulreife und -bildung für alle, werden Sie jetzt vielleicht sagen. Mehr als eine halbe Million Gymnasiasten strömen jedes Jahr zum ersten Semester an eine Hochschule.

Das ist jedoch nur die eine Seite. Die andere ist: Unsere Universitäten und Hochschulen haben mit dieser Entwicklung nicht Schritt gehalten. Es gibt Studienbeschränkungen – den Numerus Clausus – in vielen Fakultäten wie Medizin und Ingenieurwissenschaften. Und damit einhergehend gibt es vielerorts die Vermassung des Studienbetriebs in vielen völlig überfüllten Fächern wie Jura und Betriebswirtschaften.

Erste Folge: 35 Prozent Studienabbrecher im ersten Jahr. Zweite, spätere Folge: zu viele Akademiker, für die es keine adäquaten Arbeitsplätze gibt.

Einer wachsenden Zahl von jungen, beschäftigungslosen Akademikern steht eine ebenso zunehmende Zahl von offenen Stellen in den Handwerksberufen gegenüber, zur Zeit jährlich mehr als 75.000. Eine krasse Fehlentwicklung, die nach Umdenken und Visionen ruft, angefangen bei den Eltern und Erziehern, bis in Politik und Gesellschaft.

Eine mögliche gesellschaftsrelevante Lösung ist die berufliche Ausbildung nach dem Abitur, eine Art Abi mit Gesellenbrief. Das ist heute längst nicht mehr ungewöhnlich. In Hamburg stellen Abiturienten seit 2014 unter den Ausbildungsanfängern mit mehr als 40 Prozent die größte Gruppe. Ein Trend, der zeigt, dass sich viele Abiturienten richtig einschätzen und lieber eine gute Ausbildung suchen, als ein schlechtes oder nutzloses Studium abzubrechen.

Das Land Baden-Württemberg hat diesen Bewusstseins- und Wertewandel ebenfalls erkannt und gehandelt. Die mit dem Bildungsplan 2016 eingeführte »Leitperspektive Berufliche Orientierung« sieht vor, dass der kontinuierliche Prozess der beruflichen Orientierung in allen Fächern, allen Klassenstufen und allen Schularten stattfindet.

Anspruch und Ziel ist, dass die Schülerinnen und Schüler ihre Interessen und Potenziale erkennen und ihnen die Möglichkeit eröffnet wird, möglichst viele Realitäts- und Praxiserfahrungen in der Arbeits- und Berufswelt zu sammeln. Mit dem Programm »BOGY« (für »Berufsorientiertes Gymnasium«), das derzeit an drei Gymnasien umgesetzt wird, werden die Schüler gezielt darauf vorbereitet.

Dabei richtet sich die als Schulfach eingeführte Berufs- und Studienorientierung stets an den individuellen Interessen, Fähigkeiten und Werten der Schülerinnen und Schüler aus. Sie verlangt von ihnen Eigenverantwortung und ermöglicht gleichzeitig ein hohes Maß an Lebensweltorientierung im Unterricht – beispielsweise durch Berücksichtigung außerschulischer Lernorte und »Realbegegnungen wie zum Beispiel Betriebserkundungen, Hochschulbesuche oder Betriebspraktika«.

Viele Handwerksberufe bieten heute mit der technologischen Entwicklung herausfordernde Chancen mit späteren guten Aufstiegs- und Verdienstmöglichkeiten. Man kann in viele Branchen einsteigen und die zwei- oder dreijährige Ausbildung absolvieren, um einen Beruf zu erlernen. Die Ausbildung ist für viele Berufszweige Pflicht, in anderen Branchen ist es förderlich, zunächst eine Ausbildung zu machen, um dann noch ein berufsbegleitendes Studium anzuschließen.

Hemmschuh Föderalismus – aber nicht nur

Gibt es Lösungen? Wo sind die Visionen, ein aus den Fugen geratenes Bildungssystem wieder in die richtige Richtung zu leiten? Die Politiker in Bund und Ländern, die dafür Verantwortung tragen, blockieren sich nach wie vor selbst mit Zuständigkeitszäunen. Sie haben die Betroffenen nicht im Auge, die Kinder, auf deren Rücken die Kompetenzstreitereien seit Jahrzehnten ausgetragen werden. Allerdings liegt es nicht nur an der Kulturhoheit der Länder. Alles zu vereinheitlichen könnte darauf hinauslaufen, den kleinsten gemeinsamen Nenner zu suchen, und das würde alles nur noch schlimmer machen. Besser wäre, die leistungsschwächeren Länder von den besseren lernen zu lassen.

Es gibt jedoch auch hoffnungsvolle Alternativen. Es gibt Reformer. Aber sie kommen nicht aus dem staatlichen Schulsystem. Für engagierte Schulleute gelten sie als Mekka der deutschen Pädagogik. Für die Kultusminister scheinen sie eher die ungeliebten Struwwelpeter-Schulen und Relikte der Gesamtschul-Pädagogik der 70er Jahre zu sein. Die beiden wohl profiliertesten deutschen Reformschulen, die Laborschule in Bielefeld und die Helene-Lange-Schule in Wiesbaden, warten beim Schulleistungstest PISA überraschend mit Traumnoten auf. Die Kultusbürokratie ist irritiert. Denn die von den Schulen stolz präsentierten Spitzenleistungen passen nicht in den offiziellen Kurs, den die Kultusminister bisher unisono als Konsequenz aus dem gesamtdeutschen PISA-Debakel eingeschlagen haben: mehr Pauken und Kontrollen, verschärfter Leistungsdruck und Abkehr vom Gesamtschulprinzip – also deutlich weniger statt mehr gemeinsamer Unterricht von Lernschwachen und Leistungsstarken. Gerade solche Maßnahmen aber sind bei den erfolgreichen Reformschulen in Wiesbaden und Bielefeld verpönt und gelten als »Griff in die pädagogische Mottenkiste«. Warum nicht von den Besten lernen?

Als einzige Laborschule in Deutschland ist die in Bielefeld der benachbarten Universität direkt zugeordnet. Wie in Wiesbaden darf die Schulleitung neue Lehrer für das Kollegium nach eigenen Kriterien selbst auswählen. Das gibt engagierten, wagemutigen Lehrern eine Chance.

Unsere Schüler sind begeisterungsfähig und motivierbar

Obwohl ich viele Lehrer gut verstehen kann, die über desinteressierte, faule, vom Wohlstands- und Unterhaltungsbetrieb verführte Schüler klagen: Diese Schüler sind nicht die Regel, sie sind auch kein deutsches Phänomen. Viele sind sicher von den Eltern vernachlässigt oder verwöhnt und damit eine besondere Herausforderung für Erzieher und Lehrer. Ich bin aber überzeugt, dass die meisten Kinder aus diesem Wohlstandsmilieu zu motivieren und für andere Lebensziele zu begeistern sind. Keiner darf verloren gegeben werden. Oft wirkt ein anerkennendes oder ermutigendes Wort schon Wunder. Das kostet freilich Kraft – und motiviertes Lehrpersonal.

Schüler, die ihre Schule selbst putzen, schmieren keine Graffiti

Die Wiesbadener Schule arbeitet ohne Uni-Anbindung eher unter Normalbedingungen. Dabei fielen dort die PISA-Ergebnisse sogar noch überzeugender als in Bielefeld aus. Auch hier gibt es kein Sitzenbleiben und in den ersten Klassen keine Noten. Theaterspielen ist ein Schwerpunkt der Schule. Dazu wurde eigens ein Schauspieler verpflichtet. Das Honorar erarbeiten sich die Schüler selbst, indem sie ihre Schule putzen. Graffiti sucht man in der Schule deshalb vergebens.

In den Naturwissenschaften schlugen die Wiesbadener Gesamtschüler das PISA-Siegerland Südkorea. In Bielefeld sind die Lehrer, die sich freiwillig zum PISA-Nachtest entschlossen, besonders stolz darauf, dass man im Lesen und in den Naturwissenschaften den deutschen PISA-Sieger Bayern auf Platz zwei verwies. Allerdings: Die wenigen Reformschulen und die teuren, dennoch viel Zulauf habenden Privatschulen können keine wirkliche Alternative zum staatlichen Schulsystem sein. Im Gegenteil, sie vergrößern die Kluft zwischen Arm und Reich und verringern die Chancengleichheit.

Eine andere alternative Erziehung fürs Leben ist die, die wir im Rhabanus-Maurus-Gymnasium in meinem Heimatkloster St. Ottilien und an vielen weiteren benediktinisch geleiteten Gymnasien praktizieren. Die humanistische Bildung, die wir vermitteln, stellt die ideale Grundlage für ein nachhaltiges Lebensmodell dar. Sie befähigt die jungen Menschen auch, die eigentlichen Werte zu entdecken und zu pflegen, die unserem Leben Sinn geben: Verantwortung für Familie und Partnerschaft, Hinwendung zum Nächsten, aber auch Bescheidenheit, Demut und Dankbarkeit für alles, was uns geschenkt ist und was wir weitergeben dürfen.

In São Paulo haben wir im Jahr 2002 eine Internationale Kommission für benediktinische Erziehung gegründet. Denn über 150.000 SchülerInnen werden weltweit an Benediktinerschulen unterrichtet. Es geht dabei nicht nur um Ausbildung, sondern um die Formung des ganzen

Menschen in diesem jungen Alter. Alle drei Jahre finden sich Lehrerinnen und Lehrer in irgendeinem Land zusammen, um über die Bildung zu beraten und ihre Erfahrungen auszutauschen. SchülerInnen aus vielen Ländern ermöglichen wir alle vier Jahre vor dem Weltjugendtag eine Begegnung. Meistens sind es um die 300. Es tut einem deutschen Mädchen oder Jungen gut, einmal zu erfahren, wie der afrikanische Schulalltag aussieht und welche Anstrengungen die Afrikaner etwa unternehmen müssen, um das Schulgeld aufbringen zu können.

Schule 2068 – die Vision von Mitbestimmung und Eigenverantwortung

Wie sieht Schule in 50 Jahren aus? Mit dieser Frage hat sich das Zeitzeichen-Team – die Geschichte-AG des Albert-Einstein-Gymnasiums (AEG) in Kaarst – auseinandergesetzt. Entstanden ist die Zukunftsvision einer Schulform, die Schülern mehr Freiräume lässt und auf eigenverantwortlichem Handeln basiert.

Die Antwort auf die Frage, wie Schüler in 50 Jahren am AEG lernen werden, konnte nicht beantwortet werden, ohne die aktuelle schulpolitische Debatte in Politik und Wirtschaft zu berücksichtigen: Schülern wird oft ein Mangel an Kreativität, Kooperationsfähigkeit, Innovationskraft und Risikobereitschaft vorgeworfen. Danielle Schulte am Hülse, Kunstlehrerin am AEG, begleitet das Projekt und sagt: »Ich bin fest davon überzeugt, dass Schüler mit Leidenschaft lernen wollen, nur dass ihnen durch die starren Regeln die Lust daran vergeht.« Ein wesentlicher Punkt der »Schule 2068« ist, dass es kein starres Klassensystem mehr gibt und auch keine Pausenklingel, die das Lernen in feste Zeiten unterteilt. »Schüler entscheiden selbst, wann sie lernen wollen und wie. Es soll in Gruppen gelernt werden, Schüler helfen sich untereinander, und Lehrer, die in unserer Vorstellung eher Begleiter sind, werden nur hinzugezogen, wenn die Schüler selbst nicht mehr weiterwissen«, erklärt Schüler Sören Stenger. Gemeinsames Entdecken und Forschen mündet in gemeinsamen Prüfungen, in denen neben individuellem Wissen auch andere Fähigkeiten bewertet werden wie Fairness und Kooperationsfähigkeit.

Wichtig ist den Schülern, dass mit der Abschaffung des herkömmlichen Klassensystems auch das Vergleichen untereinander aufhört. »Nicht jeder ist in allen Fächern gleich gut. Natürlich müssen gewisse Standards erfüllt werden, aber eben nicht zur gleichen Zeit«, sagt Ann-Kathrin Franke. Daher soll das Notensystem in der Schule der Zukunft abgeschafft werden. Stattdessen soll es eine persönliche Einschätzung für jeden Schüler geben, wo seine jeweiligen Stärken und Schwächen liegen, wo Förderbedarf besteht und wie ein individueller Lernfortschritt erzielt werden kann.

Gelernt wird dann auch nicht mehr in Klassenräumen, sondern in Lernlaboren. Auch eine Sternwarte gehört zur Schule, genauso wie ein Atelier, in dem sich die Schüler inspirieren lassen. Örtliche Gegebenheiten finden stärkere Einbindung in das Schulleben und werden als außerschulische Lernorte genutzt. Nicht all diese Ideen sind ganz neu. Einige werden bereits in anderen Schulen umgesetzt, was die AEG-Schüler teilweise zu ihren Vorstellungen inspiriert hat. Lockerere Strukturen setzen natürlich ein hohes Maß an Engagement seitens der Schüler voraus. Schulte am Hülse: »Wenn man Schule so locker aufzieht, muss es klare Verhaltensregeln geben.«

Das humanistische Erziehungsideal findet wieder Zulauf

Was machen wir anders in St. Ottilien? Unsere Lehrer investieren mehr Zeit in die individuelle Förderung der uns anvertrauten Schüler. Wir geben niemanden verloren, der in eine Krise gerät. Ältere Schüler geben jüngeren notfalls Nachhilfeunterricht. Und wir sehen, dass es vielen hilft, ihre Ziele zu erreichen. Wir legen großen Wert auf die musikalische Bildung – jeder kann ein Instrument erlernen, wir spielen Theater und wir pflegen den sportlichen Ausgleich durch ein vielfältiges Angebot und die entsprechenden Anlagen und Einrichtungen.

Ein lebendiges Beispiel: Alle drei Jahre veranstaltet unser Gymnasium den »Circus St. Ottilien«. Mehr als 300 Schüler, unterstützt durch Lehrer, organisieren ein dreistündiges Circus-Programm mit Artistik und Humor-Nummern, Tanz und Musik durch ein eigenes Circus-Orchester. Sie kümmern sich um die Öffentlichkeitsarbeit und das Merchandising, pflegen eine eigene Website, bauen einen Marktplatz mit vielfältiger Bewirtung und Attraktionen rund um den Zeltbetrieb auf. All das in der Frei- und Ferienzeit. Die zehn Aufführungen sind stets ausverkauft, sie rechnen sich trotz kleiner Preise auch finanziell. Was übrig bleibt, wird reinvestiert in die nächste Circus-Saison. Alles wird getragen von Begeisterung und Kreativität. Dabei lernen unsere SchülerInnen vielfältige praktische Fähigkeiten, künstlerische wie kaufmännische. Der gemeinsame Erfolg verbindet und wirkt noch lang über ihre Schulzeit hinaus.

Unser Ziel ist der ganzheitlich gebildete und damit urteilsfähige Mensch, der fähig ist, sein Leben in die Hand zu nehmen und zu gestalten.

Das lernen die Schüler gerade auch beim Studium der alten Sprachen. In den Platon-Dialogen etwa werden sie an die Grundfragen von Gerechtigkeit und politischem Engagement herangeführt. Sie lernen, wie Sokrates alles genau zu hinterfragen, sie lernen unterscheiden und geraten kaum in Gefahr, später einem Mainstream anheimzufallen. Wir können uns übrigens über Bewerbermangel bei Schülern wie bei Lehrern nicht beklagen.

Lamentieren über ein überfälliges System hilft nicht weiter. Wenn wir uns eines Tages selbstkritisch sagen müssen: Wir sind zwar in zwei Generationen materiell reich geworden, aber arm an dem, was unsere Gemeinschaft wirklich reich macht, nämlich an der Heran-Bildung von Menschen, die einmal Erben nicht nur von irdischen Vermögen sein werden, sondern auch selbstständig, eigenverantwortlich und kreativ ihr Leben in die Hand nehmen können – dann haben wir versagt.

Konkret brauchen wir eine echte Bildungsreform über alle partikularistischen und parteipolitischen Interessen hinweg, die in einer globalisierten Wissensgesellschaft ohnehin relativ bedeutungslos geworden sind. Gewachsen auf unserer christlich-abendländischen Wertekultur, muss sie Schülern wie Lehrern ihre Freiheit und ihre Kreativität zurückgeben und die Verantwortung jedes Einzelnen stärken.

Reformen sind nicht von heute auf morgen möglich, aber sie müssen jetzt angegangen werden. Das ist unsere Verantwortung, auch im Sinne der Nachhaltigkeit.

Nachhaltige Lösungen, die wirklich in die Zukunft reichen, haben eine doppelte Perspektive: unsere eigene, persönliche, subjektive Perspektive – wie können wir unseren Lebensstil darauf einstellen und vielleicht zufriedener leben? – und die wirtschaftliche, strukturelle Seite – wie können die globalen Bedingungen angepasst, geändert, beeinflusst werden? Aus dieser doppelten Perspektive heraus komme ich in diesem nie abgeschlossenen Kapitel zu sowohl politischen wie persönlichen und spirituellen Ansätzen für eine nachhaltige Zukunft. Vorab einige historische Betrachtungen.

Der marktwirtschaftliche und politische Ansatz

Vor gut 150 Jahren kam mit der Industrialisierung der Kapitalismus. Er hatte durchaus seine Existenzberechtigung mit dem ungeheuren Kapitalbedarf der rasch wachsenden Industrie. Es war eine Zeit des radikalen Umbruchs von der stillen Agrarwirtschaft zu den dampfenden Eisenbahnen, den lauten Maschinenhallen in den Fabriken und den stinkenden Stahlhochöfen. Das Zentrum dieser Schwerindustrie war Mittelengland, aber auch das Ruhrgebiet sowie Pennsylvania und Ohio in den noch jungen Vereinigten Staaten von Amerika.

Kein Wunder, dass eine ideologische Gegenbewegung aus dem sich bildenden, noch weitgehend rechtlosen Industrieproletariat in England entstand mit dem aus Trier stammenden Philosophen und politischen Ökonomen Karl Marx (1818-1883) an der Spitze. Sein dreibändiges Hauptwerk »Das Kapital« begründete letztlich den Sozialismus und Kommunismus als Gegenmodell zum Kapitalismus. Seine Theorien werden bis heute kontrovers diskutiert, haben sich aber in der Praxis in verschiedenen Volkswirtschaften Osteuropas und in Kuba als nicht realistisch und nicht menschengerecht erwiesen.

Die soziale Marktwirtschaft hat sich als stabiles Fundament für den sozialen Frieden erwiesen

Hat also der Kapitalismus sich als das bessere, effektivere Wirtschaftsmodell durchgesetzt? Nein. Er hat nicht alle Versprechen erfüllt, vor allem nicht die des sozialen Ausgleichs. Deshalb wächst die Zahl der Unzufriedenen und damit wachsen die Selbstzweifel im System.

Vor allem dieser Systemmängel wegen wurde der Kapitalismus bei uns und in vielen anderen

Ländern nach dem Zweiten Weltkrieg durch die soziale Marktwirtschaft ersetzt, die auf freiem Unternehmertum gründet, aber auch auf der Teilhabe der produktiv schaffenden Menschen am erwirtschafteten Sozialprodukt und auf einer sozialen Absicherung derer, die aus diesem Prozess durch Alter oder Krankheit ausscheiden. Die soziale Marktwirtschaft war eine Vision des Sozialpolitikers Ludwig Erhard (1897-1977), erst Wirtschaftsminister (1949-1963) im Kabinett Konrad Adenauers, dann dessen Nachfolger als Bundeskanzler (1963-1966). Seine Vision wurde getragen von einer Balance zwischen Arbeitgebern und Arbeitnehmern und hat sich seither als stabiles Fundament für den sozialen Frieden in unserem Land erwiesen.

Der Kapitalismus hatte sich in der Zwischenzeit hinter den glitzernden Fassaden der Wolkenkratzer von Investmentbanken in Manhattan, London, Hongkong und Dubai verborgen. Im Jahr 2008 zeigte er dann sein wahres Gesicht, getrieben von Gier und längst nicht mehr als Dienstleister der realen Wirtschaft, sondern als dubioser Makler von spekulativen Anlage- und Vermögensmodellen. Die größte Finanzkrise seit dem US-Börsencrash war die Folge und stürzte vor allem Kleinanleger in den finanziellen Ruin.

Nach diesem Schnelldurchgang durch 150 Jahre moderner Wirtschaftsgeschichte geht es nun darum, aus dieser Entwicklung zu lernen und daraus die richtigen Schlüsse für die Zukunft zu ziehen.

Kann die soziale Marktwirtschaft weiterentwickelt werden?

In den vergangenen 60 Jahren hat sich die soziale Marktwirtschaft zweifellos als bisher erfolgreichstes Modell bewährt. Es gibt also keinen Grund, sie durch eine andere Wirtschaftsform abzulösen. Es gibt aber gute Gründe, sie weiterzuentwickeln. Nur wohin?

Es existieren durchaus bereits mehr als theoretische Denkmodelle für eine Weiterentwicklung, unter anderem das der ökosozialen solidarischen Marktwirtschaft. Dies Modell dürfte angesichts der globalen Probleme im nachhaltigen Umweltschutz das angemessenste sein.

Eine globalisierte ökosoziale und solidarische Marktwirtschaft kann uns nachhaltig helfen

Einer der gedanklichen Vorreiter der ökosozialen Idee, der frühere österreichische Vizekanzler Josef Riegler, hat das Modell so charakterisiert: *»Fundament der Ökosozialen Marktwirtschaft ist eine leistungsfähige, innovative Wirtschaft, die auf*

*der Dynamik eines freien, aber in geeigneter Weise
regulierten Marktes, auf Eigentum, Leistung und
Verantwortung beruht. Darauf ruhen zwei starke
Säulen. Die eine bedeutet sozialen Ausgleich, das
heißt faire, solidarische Verteilung der erwirtschafteten Güter, um einen nachhaltigen Konsens innerhalb
der Gesellschaft zu erreichen. Die andere bedeutet
Schutz der Umwelt. Sie ist schlechthin die Voraussetzung für das Überleben der Gesellschaft.«*

Es geht um das Gleichgewicht zwischen Wirtschaft, Solidarität und Umweltschutz

Die ökosoziale, solidarische Marktwirtschaft als
Weiterentwicklung der sozialen Marktwirtschaft
verbindet – als Konzept – das Erfolgsmodell
der sozialen Marktwirtschaft der vergangenen
60 Jahre mit dem Zukunftsentwurf der Hinwendung zu einem längerfristigen, nachhaltigen
Wirtschafts- und Lebensmodell. Wir müssen
hier keine Revolution beginnen, sondern können
aus den Fehlentwicklungen lernen und diese in
Ordnung bringen. Wir schauen nach vorne und
richten uns nach unserer Verantwortung für die
kommenden Generationen aus.

Das Zukunftsmodell der ökosozialen, solidarischen Marktwirtschaft bringt drei Prinzipien zusammen, die bisher noch häufig separat

betrachtet werden: ein Gleichgewicht zwischen leistungsorientierter Wirtschaft, Solidarität und dem Schutz der Umwelt. Unternehmer wie Claus Hipp, die seit Jahrzehnten konsequent nur ökologisch produzierte Rohstoffe verarbeiten und diese sehr erfolgreich vermarkten, stehen für dieses Zukunftsmodell.

Die ökosoziale Marktwirtschaft ist auch eine logische Folge der Globalisierung des sozialen und wirtschaftlichen Lebens in der vergangenen Generation. Die Globalisierung hat unsere Welt durch moderne Transport- und Kommunikationsmittel kleiner gemacht, vielen auch ganz neue Chancen eröffnet. Sie hat auf der anderen Seite auch zahlreiche neue Fehlentwicklungen ausgelöst, vor allem soziale Ungerechtigkeiten. In vielen Ländern Asiens, Afrikas und Südamerikas herrschen Arbeitsbedingungen, die bei uns niemand akzeptieren würde. Da wären schon die Gewerkschaften davor. Es gibt den unerträglichen Zustand der Kinderarbeit. Man beutet die Kinder nicht nur aus, sondern verwehrt ihnen mangels Ausbildung auch die Zukunftschancen. Bei meinen Besuchen in den Entwicklungsländern, aber auch in den stark aufstrebenden künftigen Wirtschafts-Großmächten China und Indien sehe ich die Opfer, die Menschen dort auf sich nehmen, um sich nur einen kleinen Teil des Wohlstandes zu verdienen, der für uns selbstverständlich ist.

Wir können nur hoffen und uns dafür einsetzen, dass die nächsten Generationen unter menschenwürdigeren Bedingungen leben.

Auswege aus der schleichenden Entwertung von Arbeit

Die Globalisierung vor allem der produzierenden Wirtschaft bringt natürlich nicht nur in den neuen Industrieländern soziale Umwälzungen mit sich – sie führt auch bei uns zu Folgen, die wir noch nicht so schmerzhaft spüren, die sich aber abzeichnen. Der Verlust von zahllosen Arbeitsplätzen im produzierenden und verarbeitenden Gewerbe wird ja in der Regel durch weniger werthaltige Arbeitsplätze im Dienstleistungsgewerbe nur unzureichend ersetzt. Unsere einzige Chance, dieser schleichenden Entwertung von Arbeit in einem Hochlohnland wie Deutschland zu entgehen, ist Höherqualifizierung durch Bildung. So werden wir unseren Arbeitsmarkt demnächst mit qualifizierten Mitarbeitern aus den Ländern Osteuropas, aber auch Afrikas versorgen müssen, selbst wenn dies manchen Menschen bei uns noch nicht einsichtig ist.

Die fehlende Balance im globalisierten produzierenden Gewerbe wird jedoch noch übertroffen durch die Ungerechtigkeiten im Welthandel.

Auch hier fehlen noch die internationalen Regeln für einen fairen sozialen Ausgleich. Freier Welthandel, so heißt es, sei die beste Lösung für die Überwindung der Armut für alle, die irgendwo produzieren und überall verkaufen. Das kann im Prinzip richtig sein, ist in der Praxis aber leider eine Illusion, weil zu viele Zwischenhändler daran verdienen und immer noch zu viele Schranken vorhanden sind. Hinzu kommen in der jüngsten Zeit die nationalistischen und protektionistischen Tendenzen à la »America first«.

Das marktradikale Modell ist an seine Grenzen gestoßen

Ich bin kein Wirtschaftstheoretiker, sondern erfahre und erlebe Menschen rund um die Welt. Ich versuche, die Welt aus dem Blickwinkel der Nöte der Menschen zu sehen.

Wenn Sie mich fragen, ob es eine Alternative zur ökosozialen solidarischen Marktwirtschaft gibt, sage ich nein. Das vorherrschende marktradikale Modell, das auf dem Prinzip des freien Handels beruht, ist nach meiner Meinung an seine Grenzen gestoßen, weil es die soziale Spaltung in Arm und Reich ständig vertieft. Es muss so schnell wie möglich durch ein neues ökologisch-soziales und solidarisches Marktmodell ersetzt werden.

Der Unfug der weltweiten Transporte
von Lebensmitteln

Allein aus dieser Erkenntnis heraus wäre es beispielsweise eine der ersten Aufgaben für eine ökosoziale Marktwirtschaft, den Unfug der weltweiten Transporte von Nahrungsmitteln zum ausschließlichen Zweck der Gewinnmaximierung zu verhindern. Beispielsweise, dass wir aus Europa in subventionierter Massentierhaltung erzeugtes, tiefgekühltes Geflügel nach Afrika exportieren und damit auch den Markt der heimischen Landwirte ruinieren. Die Preise für diese Lebensmittel müssen nicht nur die ökologische, sondern auch die soziale Wirklichkeit wiedergeben. Damit würden sich einerseits die Kaufpreise von Gütern einschließlich Umweltkosten und fairer Entlohnung ebenso erhöhen wie die Transportkosten. Andererseits wären dann regionale und saisonale, ökologisch erzeugte Produkte wesentlich günstiger. Damit wäre den Menschen ebenso geholfen wie der Umwelt.

Das ist nur ein Aspekt einer notwendigen künftigen ökosozialen Marktordnung. Denn manchmal sieht es so aus, als hätte das Wort Ökologie für viele heute ein eher harmloses, auch schickes »G'schmäckle« – man trägt eben gern ein »Ökomäntelchen.« Ökologie muss in Zukunft aber auch für notwendige Einschränkungen in unserem Lebensstil stehen – damit wir alle überleben können. Das klingt in manchen Ohren vielleicht ein wenig übertrieben, ist es aber nicht, wenn wir uns die Probleme vor Augen halten, vor denen wir stehen. Mir selbst ist dies auch erst mit der Zeit bewusst geworden.

Bescheidenheit und Verzicht sind wieder in

Nur ein Beispiel, das Millionen Menschen tagtäglich erleben und das unser Wohlstands-Dilemma aufzeigt: Wir stehen immer häufiger und länger im Verkehrsstau. In einer Stadt wie München standen im Jahr 2017 die Autofahrer durchschnittlich 51 Stunden im Stau. Die meisten, weil sie das Auto beruflich zur Fahrt zum Arbeitsplatz brauchen. Viele aber auch, weil sie aus einer gewissen Bequemlichkeit heraus ihr Auto, das auch im Stau mehr als 10 Quadratmeter »Bewegungsraum« braucht, den alternativen öffentlichen Verkehrsmitteln vorziehen.

Staus sind Zeitverschwendung, Energieverschwendung, ungesund und nervig. Jeder weiß das, aber viele wollen unvernünftigerweise einfach lieber im Stau stehen, als im Bus oder Zug schneller und umweltbewusster vorwärtszukommen. Dafür nehmen sie dann in Kauf, vom Diesel ihres Vordermanns über längere Zeit mit giftigem

Stickoxid eingenebelt zu werden. Als Stau-Teilnehmer stellt man sich dabei vielleicht gelegentlich auch die Frage, ob diese Autofahrt und der eigene Schadstoffbeitrag unbedingt notwendig sind.

In den Städten hilft meist auch kein teurer Straßen- oder Tunnelbau mehr. Weil es immer mehr Autos gibt und die Autos in den vergangenen Jahren auch immer größer, schwerer, leistungsstärker und damit durstiger, teurer, in jedem Fall umweltschädlicher geworden sind. Es ist die reine, leider unreine Unvernunft. Abgasfreie Elektroautos (die dafür in der Herstellung mehr schädliche Ressourcen verschwenden) sind noch keine richtige Alternative. Was ist nötig, um das Stau- und Umweltproblem zu lösen?

Verzicht? Ja, leider

Es gibt aber auch Lösungen, die nur auf den ersten Blick wie Notlösungen erscheinen: Im Stadtstaat Singapur, neuerdings auch in Metropolen wie Bejing und Tokyo, dürfen private Autofahrer ihr Fahrzeug nur an geraden oder ungeraden Tagen entsprechend der letzten Ziffer in ihrem Nummernschild im öffentlichen Verkehr bewegen.

Die Maßnahme hilft. Bei fast hälftig reduzierter Belastung fließt der Verkehr wieder auf den Straßen. Sie wird auch angenommen, weil die Vorteile, schneller und gesünder vorwärts zu kommen, für den Einzelnen überwiegen.

Ich kann nicht einsehen, warum wir unsere Verkehrsprobleme nicht ebenso lösen. Oder haben wir ein Recht auf Staustress?

Die Entwicklungsländer haben das Recht auf faire Marktchancen

Damit ist die oben gestellte Frage beantwortet: ökosozial statt marktradikal. Wenn wir uns die Alternative wirklich vor Augen halten und die Konsequenzen daraus bedenken, bleibt aus ethischer Sicht keine andere Wahl. Wir nehmen es gern an, wenn Waren, die in China, Vietnam, Indonesien oder auf den Philippinen zu Billigstlöhnen produziert werden, bei uns preisgünstig erworben werden können. Aber wir klagen über die Folge, dass bei uns Arbeitsplätze verloren gehen.

Wenn wir wirklich den sozialen Ausgleich nicht nur bei uns, in den wohlhabenden Ländern, praktizieren wollen, müssen wir auch den armen Ländern der Dritten Welt die faire Chance geben, sich zu entwickeln und nicht nur als Billiglohnländer für die Profite Weniger zu dienen. Das jetzt noch vorherrschende marktradikale Modell schafft Ungerechtigkeiten, die bald als soziale Konflikte auf uns zurückfallen können. Wir müssen nicht nur fair sein, sondern einfach klug, um das zu verhindern. Im Übrigen wäre auch eine andere Form der Radikalisierung, eine Art Ökodiktatur, keine Lösung unserer Probleme: Sie würde andere soziale Konflikte schaffen, die weltweite Armut nicht bekämpfen, sondern verschärfen.

Benedikt von Nursia nannte die »Discretio«, das rechte Maß in allen Dingen, die Mutter aller Tugenden. Dieser Pfad könnte auch in einer weltweit denkbaren Form der ökosozialen Marktwirtschaft zum Ziel führen.

Wie viel Ethik braucht unser Wirtschaftssystem?

Wenn ein verantwortlicher Banker und Politiker wie Jean-Claude Trichet, der frühere Präsident der Europäischen Zentralbank (EZB), ganz entgegen den diplomatischen Gepflogenheiten seines Amtes und Standes davon sprach, die aktuelle Situation auf den Finanzmärkten (im Juli 2011) könne sich »zur schwersten Krise seit dem ersten Weltkrieg« entwickeln (gemeint war die Inflation), dann müssen wir das sehr ernst nehmen. Diese Situation ist nämlich auch heute noch aktuell.

Schließlich gilt an der Börse und in der Finanzwirtschaft die eiserne Regel: Psychologie ist alles – niemals die Situation schlechtreden, eher zur »Pflichtlüge« greifen. Wir, die Verbraucher, dürfen keinesfalls verunsichert werden, sonst würden die Banken am nächsten Tag gestürmt.

Was sollen wir aber davon halten, wenn die EZB Staatsanleihen aufkauft, um Länder vor der Pleite zu bewahren und damit das ganze europaweite, ja globale Finanzsystem zumindest kurzfristig vor dem Absturz zu retten? Wie können wir verstehen, welche Ursachen und Zusammenhänge hinter Kursstürzen an den Börsen stehen? Wer kann uns die Transparenz vermitteln, die uns hilft, Ratings nachzuvollziehen? Ratings, die ganze Volkswirtschaften und auch die Politik beeinflussen?

Verständlich, dass viele ihr Vertrauen in unser Finanz- und Wirtschaftssystem immer mehr verlieren. Ich verstehe es selbst nicht mehr. Niemand von uns weiß, wer im Hintergrund die Fäden zieht, wer mit den vielen Milliarden spekuliert, die er vielleicht nicht einmal selbst besitzt. Wer steht hinter den Hedgefonds, die das ganz große Rad drehen? Wo sitzen die Frauen und Männer, die den Politikern immer einen Schritt voraus sind? Wer sitzt an den Computern, den »Black Boxes«, die Kurse und Währungen, Käufe und Verkäufe im Nanosekundenbereich abwickeln, aber auch manipulieren können? Welche Informationen verarbeiten die drei großen Rating-Agenturen wirklich? Wer sind ihre Auftraggeber, wer bezahlt sie?

Fragen, die wir uns alle stellen, die aber niemand offen und umfassend beantworten kann. Wir bewegen uns hier wie in einer surrealen Schattenwelt, wissend, dass wir hilflos und manipulierbar geworden sind. Der Wirtschaftsjournalist Gabor Steingart, früher Chefredakteur des Handelsblattes, schreibt in seinem Buch »Das Ende der Normalität«: »*Wir können unser volkswirtschaftliches Studienwissen von gestern vergessen. Die alten Regeln und Grundsätze sind passé. Beispielsweise, dass hinter Geld immer eine entsprechende Wertsubstanz, eine erarbeitete Leistung stehen muss. Aber es gibt noch keine neuen Regeln. Wir erleben keine Normalität, sondern das Ende jeder Normalität.*« Und die Politik sieht zu, hechelt hinterher, stopft die Löcher, versucht zu beschwichtigen. Wie lange noch?

Noch verhalten wir, die Verbraucher, uns einigermaßen diszipliniert. Noch spielen wir ein Spiel mit, das wir nicht mehr durchschauen können. Noch stürmen wir nicht die Banken. Noch. Vielleicht weil wir eines wissen: Wenn wir die Lücke zwischen der realen Wirtschaft und der Scheinwirtschaft schließen, also Ehrlichkeit einfordern würden, würde das System zusammenbrechen.

Bankmanager und Finanzinvestoren stehen seit der Finanzmarktkrise nicht gerade in bestem Ruf, um nicht zu sagen: Sie stehen am Pranger. Sind sie deshalb auch verzichtbar? Nein.

Wir brauchen ein funktionierendes Banken-system, damit die Wirtschaft florieren kann, und einiges wurde seit der Finanzkrise immerhin in Ordnung gebracht. Aber Bank-Topmanager sind vielen immer noch anrüchig. Es geht um Sum-men, die dem Durchschnittsbürger unvorstellbar sind. Die Kluft zwischen den Milliarden, welche eine Bank zum Überleben braucht, und den dazu verschwindend geringen Lebenshaltungskosten arbeitsloser Bürger ist vorstellungsmäßig nicht zu überbrücken. Es bleibt auch die Frage, ob die Finanzmanager dazugelernt haben, oder ob sie im alten Stil einfach weitermachen und das Platzen der nächsten Finanzblase nur eine Frage der Zeit ist. Dass die Krise noch nicht überwunden ist, zeigt die derzeitige Situation in Griechenland und Italien. Weitere Länder könnten bald folgen. Die Rating-Agentur Standard & Poors hat die meisten EU-Länder inzwischen eine Stufe tiefer gesetzt.

Die Fehler nicht vergessen, und vor allem: nicht wiederholen

Banker, vor allem Finanzinvestoren, haben Feh-ler begangen und gesündigt; durch ihr Verhalten haben sie unzählbare Menschen und Familien in größte Not gestürzt. Das wird auch nicht dadurch gemildert, dass entgegen allen Unkenrufen die

Arbeitslosigkeit in unserem Land erstaunlich rasch gesunken ist. Topmanager sehen eben nicht die konkreten Auswirkungen ihres Handelns. Für sie ist es eher so etwas wie ein Zahlenspiel am Schreibtisch, während ein mittelständischer Unternehmer oder auch ein Sparkassenbanker seinen Mitbürgern täglich über den Weg läuft und in die Augen schauen muss.

Die Familiendramen und Nöte der Arbeitslosen scheinen heute vergessen zu sein. Vergessen scheint auch der enorme Schuldenberg zu sein, den wir an die nächsten Generationen weiterreichen. Wir hören zwar gern von der »schwarzen Null« im Bundeshaushalt, verdrängen darüber aber leicht, dass ein gutes Viertel dieses Haushalts in die Schuldentilgung fließt.

Ursache und Schuld an der Misere war nicht finanztechnisches Versagen, sondern waren menschliches Fehlverhalten und menschliches Versagen, die Gier und der Herdentrieb. Das schnelle Geld lockte, und alle liefen in dieselbe Richtung. Es konnte ja nicht verkehrt sein, weil alle Fachzeitschriften dieselben Börsentipps gaben. Nicht nur Gier war am Werk, sondern auch Schlampereien in den Kontrollen.

Die Regeln und die ethischen Prinzipien wurden außer Acht gelassen, wenn das große Geld lockte. Es war auch so viel Geld da, das angelegt sein wollte. »Was hätten wir denn mit dem ganzen Geld tun sollen?«, fragte mich ein ehrlicher Banker. Eine Bank ist Treuhänderin und muss Gewinne erzielen. Aber es kommt auf das rechte Maß an und auf die Lauterkeit der Methoden.

Zugestandenermaßen fehlte es auch an Regelungen für die internationalen Finanztransaktionen. Die Globalisierung machte sich jetzt erst richtig bemerkbar.

Wir brauchen eine moralische Besinnung

Mit der Finanzkrise kam der Ruf nach mehr Moral unseres Wirtschaftssystems und vor allem der Topmanager auf. Besonders laut wurde die Entrüstung, als diese ihre Millionen-Boni einklagten. Das sieht in der Tat nach Verblendung aus, und es hat auch solche gegeben, die wenigstens ein Jahr auf ihre Boni verzichtet haben, die sich ohne Fleißbildchen weiterhin für ihre Banken und Unternehmen eingesetzt haben. Manager selbst haben eingesehen, dass uferloses Gieren falsch ist. Sie brauchen eine moralische Besinnung. Sie sollen wohlverdiente Gehälter bekommen und auch ihre Boni als Anreize zur Leistungssteigerung. Denn anscheinend sind wir Menschen so gebaut, dass wir ohne »Fleißbildchen« nicht unsere ehrliche, volle Leistung erbringen.

Bei dem ganzen Ruf nach mehr Moral habe ich allerdings ein gewisses Unbehagen. Wieder einmal müssen sich die andern ändern. Ich bin aber überzeugt, dass die meisten, die nach moralischer Aufrüstung rufen, an der Stelle der Banker genauso gehandelt hätten. Wenn, dann braucht es eine moralische Neubesinnung und Umkehr des ganzen Volkes. Am meisten gefordert sind selbstverständlich die obersten Verantwortungsträger. Wir sollen aber niemanden moralisch überfordern. Hohe Verantwortung in hohen Positionen setzt reife Menschen voraus. Sie müssen infantiles Machtgehabe und Geldgier unter Kontrolle halten. Das ist alles andere als leicht.

Unbehagen löst auch der Gedanke an die Gläubiger und Aktienbesitzer aus. Sie sind es, welche die Gewinnmarge immer höherschrauben und Manager und Unternehmer unter Druck setzen. Oft genug sitzen sie weit weg. Wie es den Mitarbeitern einer Firma ergeht, wie viel Stress und Burn-out erzeugt wird, ist ihnen gleichgültig. Sie sehen es ja auch nicht. Hauptsache, die Dividenden stimmen. Und wiederum: Welcher Aktienbesitzer, auch Kleinaktionär, möchte nicht größtmöglichen Gewinn erzielen?

Gier ist die Krankheit, die alle befallen kann

In der Tat ist die Gier ein Hauptfaktor der ganzen Misere. Aber ich denke, das ist eine Krankheit, die alle befällt, sobald das große und schnelle Geld in Reichweite liegt. Tun wir also nicht so, als seien wir die moralischen Helden.

Aber wer trägt nun eigentlich Schuld, der einzelne Mensch oder das System? Es war ja auch oft die Rede von systemischem Versagen. Wir bräuchten ein ethisches Wirtschaftssystem, das auf menschlichen Werten beruht. Ethik und Moral sind aber zunächst einmal Dimensionen des Handelns von Menschen, nicht von Systemen. Die Forderung nach ethisch richtigem Verhalten richtet sich an den Menschen. Ein ethisches System einzufordern darf nicht dazu verführen, die Verantwortung auf ein System abzuschieben.

Getrieben oder auch angespornt werden die Finanzinvestoren durch die globalen Möglichkeiten. Noch größere Gewinne ohne Arbeit, durch reine Spekulation locken. Es mangelte bislang an Regelungen für den internationalen Finanzverkehr. Weltweit beobachten wir das Ringen um entsprechende Regeln und Abkommen, sei es innerhalb der EU oder der G20. Die Regierungen der Euro-Staaten haben den 2013 ausgelaufenen, 750 Milliarden Euro umfassenden Rettungsschirm durch einen dauerhaften Krisenmechanismus abgelöst. Es kann aber nicht angehen, dass der deutsche Steuerzahler auch noch für die hausgemachten Krisen anderer Länder zahlt und China gar EU-gestützte griechische Staatsanleihen aufkauft und davon profitiert.

Basis unseres Wertesystems sind die Würde der Person und die persönliche Freiheit

Insofern internationale Regelungen getroffen werden, die für einen gerechten Ausgleich sorgen und die Kontrolle eines ungezügelten Kapitalismus beinhalten, können wir also von einer objektivierten Ethik und einem ethischen System sprechen. Ethik und Moral betreffen aber, wie gesagt, zunächst einmal das individuelle Verhalten. Manche sehen in der Ethik das System von Werten, das eine Gesellschaft trägt und eint und das sich in Gesetzen, in Ge-und Verboten und Sanktionen niederschlägt, in der Moral eher das persönliche Verhalten, wenngleich »Moral« nichts anderes ist als die lateinische Übersetzung des griechischen Begriffs »Ethik«.

An der Basis unseres Wertesystems stehen die Würde der Person und die individuelle Freiheit. Unser ganzes Wirtschaften beruht auf dem freien Wettbewerb, der sich an bestimmte konventionelle Regeln hält. Wir gehen davon aus, dass die Unternehmer auf dieser Basis am ehesten zum Fortschritt der Technik und des Wohlstandes beitragen. Diese Freiheit wird in ihrer Mitverantwortung für das Wohlergehen der ganzen Gesellschaft gefordert. Auch dieses ethische Verhalten ist weitgehend durch unsere Sozial- und Steuergesetze geregelt. Gleichwohl war es notwendig, dass der Staat während der Finanzkrise einsprang und mit Geldern der Steuerzahler Banken unter die Arme griff, damit diese ihre Aufgaben gegenüber der Wirtschaft wahrnehmen konnten. Es erfolgten notwendigerweise massive Eingriffe in die Freiheit der Banken und des Unternehmertums, weil die Selbstkontrolle versagt hatte.

Staatshilfe ist ein Armutszeugnis für die menschliche Freiheit

Es ist ein Armutszeugnis für die menschliche Freiheit, entspricht aber wohl der Natur des bedürftigen Menschen, sich im Notfall vom Staat helfen zu lassen. Das Finanzsystem der USA und Europas konnte ins Wanken gebracht werden, weil mangels entsprechender Regelungen diejenigen, die an den Schalthebeln der Geldpolitik saßen, ihre ungezügelte Gier herrschen lassen konnten.

Die chinesische Regierung, die ihre Wirtschaft gut über die Finanzkrise hinwegbrachte und relativ wenige Einbrüche erlebte, wies darauf hin, dass die Wurzel des Versagens im westlichen Individualismus liege, der geradezu automatisch zu einem Egoismus führe. Die Zukunft, so tönen auch die Staatsmänner Singapurs und Malaysias, liege weder in der freien Marktwirtschaft noch in der Demokratie, sondern in staatsgelenkten Systemen, im Protektionismus. An solche Thesen glaubt man inzwischen auch in den USA, dem früheren Mutterland des freien Welthandels mit der Trump'schen Doktrin des »America first.«

Wir sollten genau beobachten, wie die Zukunft derjenigen Unternehmen verläuft, bei denen sich heute China einkauft. Man kann sich gut vorstellen, dass China auch dort auf protektionistische Maßnahmen drängt, wenn es von den USA dazu gezwungen wird. Auf Einfuhrzölle in die USA folgt bereits regelmäßig eine entsprechende chinesische Gegenreaktion. Wer wird letztlich am längeren Hebel sitzen?

Protektionismus als Eingriff des Staates zur Lenkung außenwirtschaftlicher Beziehungen, aber auch der Binnenwirtschaft scheint ein effizientes und erfolgversprechendes Modell zu sein, bevormundet aber den Menschen und beschränkt die Freiheit seines Handelns. Gerade die Freiheit macht aber die Würde des Menschen aus. Es

wäre ein Trauerspiel, wäre der Mensch nicht fähig, seine Freiheit und Verantwortung individuell
wahrzunehmen.

Der Versuch, aus wirtschaftlichen Effizienz-
gründen den Menschen zu bevormunden, ist
menschenverachtend. Nur dass diese Menschen-
verachtung im Protektionismus subtiler erfolgt
als in rein kommunistischen Systemen.

Protektionismus behindert Wirtschaft und Wissenschaft

Protektionistische Maßnahmen behindern letztlich die Entwicklung von Wissenschaft, Technik
und Wirtschaft. Fortschritt und Entwicklung sind
nur auf dem Boden der Freiheit möglich. Nur da
werden Kreativität und Flexibilität möglich. Nur
im freien Wettbewerb entwickeln sich Technik
und Wissenschaft.

Gelenkte Staats- und Wirtschaftssysteme werden auch der Korruption nicht Herr. Vom Perl-
turm im Pudong-Viertel in Schanghai konnte ich
ein eingestürztes Hochhaus sehen. Der Unternehmer wollte nachträglich eine Tiefgarage einbauen.
Auf dem Weg ins Hotel sah ich auch das ver-
brannte Pressezentrum. Der Mensch ist in China
nicht anders als bei uns. Der Stellenwert, den das
Individuum bei uns aber erfährt, ist ein anderer,

und den gilt es gegenüber allem Protektionismus zu verteidigen. Um der Menschenwürde willen, und zugleich aus wirtschaftlichen Gründen.

Das ethische System einer Gesellschaft beruht auf Konventionen und verlangt Sanktionen zur Einhaltung der Gesetze. Der Mensch ist durchaus nicht so frei, wie er meint. Die Freiheit ist zunächst ein richtungsloser Drang, der nach Orientierung und Zügeln verlangt. Zügellosigkeit führt zu Desorientierung. Die Freiheit braucht Halt. Haltlosigkeit führt den Menschen in den Abgrund. Freiheit bedeutet eigentlich, das für gut Erkannte tun zu können.

Die Wahrnehmung dieser Freiheit aber verlangt einen hohen Grad an Disziplin. Immer besteht die Gefahr, dass Menschen diese selbstverantwortete Freiheit nicht erlangen oder nicht durchhalten. Der Mensch hat aus dem Tierreich die Triebhaftigkeit ererbt, Bedürfnisse wie Essen, Trinken, Schlafen, Sexualität, Verlangen nach Macht, Besitz, Anerkennung und Rang. Bei Tieren sind die Grenzen von Natur aus programmiert, der Mensch muss sie sich selbst setzen. Gerade um Besseres zu tun, kann er die natürlichen Grenzen sprengen. Umgekehrt kann er sich aber von Trieben vereinnahmen lassen, von ihnen abhängig und süchtig werden. Alles kann sich beim Menschen zur Sucht steigern, die genannten Triebe, aber auch Arbeit und Spiel, bis hin zu seiner Selbstzerstörung. Selbstkontrolle und eine gewisse Fremdkontrolle garantieren den Erhalt der Freiheit.

Wenn der Mensch nicht das Geld besitzt, sondern das Geld den Menschen

Geldgier bedeutet die totale Abhängigkeit vom Verlangen nach mehr Geld. Das ganze Denken von früh bis spät dreht sich nur mehr um das Geld. Der Mensch hat sozusagen seine Seele an den Dämon des Geldes verkauft. Nicht er besitzt mehr das Geld, sondern das Geld besitzt ihn. Ein solcher Mensch bräuchte – ironisch gesagt – eine Behandlung wie ein Alkoholiker, eine Entwöhnung durch Entzug. Die Gier, die man in diesem Fall auch Habsucht nennen kann, verlagert sich mit der Zeit auf die Geltungssucht. Mit noch mehr Geld kann der Mensch nichts mehr anfangen, aber er kann immer noch mit anderen konkurrieren. Es kommt dann auf die Rangliste an, wer von den Reichsten der Superreiche ist. Damit sind wir weit weg von einer sozialen Marktwirtschaft. Es gilt dann das Wort der Bibel: »Eher gelangt ein Kamel durchs Nadelöhr als ein Reicher ins Himmelreich.«

Neben der Gier wirkt im Menschen ein zweites Verhalten: der Herdentrieb. Wie Lemminge rennen die Menschen ins Verderben, wenn alle es sagen. Mit einer geradezu faszinierenden Leichtgläubigkeit meinen Anleger, an der Börse gehe alles immer mit rechten Dingen zu, vermeintliche Anleger-Gurus seien nur ihrem Gewissen verpflichtet. Kriminalität gibt es überall, wo es Menschen und menschliches Handeln gibt, Lug und Betrug ohne Ende, sobald es um den Eigenvorteil geht. Neben dem Egoismus müsste der Herdentrieb stärker ins Auge gefasst werden. Der Mensch lässt sich nicht nur von seinen Trieben, sondern unbewusst von anderen Menschen entmündigen. Das kritische Denken setzt aus, die Voraussetzung für freies Handeln. Dem Tier ist der Automatismus vorgegeben, der Mensch trägt die Last, alles prüfen und entscheiden zu müssen. Aber genau das macht die Freiheit aus, gegen allen Mainstream und jede Form von Zensur und Manipulation.

Moral und Ethik gedeihen nur in Freiheit

Der eigene Vorteil ist andererseits eine wesentliche Triebkraft allen Wirtschaftens. Schließlich soll der Mensch sich selbst erhalten. Zum Nachteil der anderen wird er da, wo der Mensch ausschließlich diesen seinen eigenen Vorteil sucht. Fairness ist geboten und darüber hinaus die Mitsorge und Verantwortung für die Gesellschaft, für das Gemeinwohl, nicht nur für das eigene Unternehmen und die Mitarbeiter. Wir leben nicht als Singles für uns selbst, sondern in einer Gesellschaft, die uns trägt und die wir mittragen. Soziale Mitverantwortung ist daher Teil unserer menschlichen Wirklichkeit. »Sozial« kommt vom lateinischen »socialis«, auf die Gemeinschaft, die »Societas«, bezogen und sie aufbauend. Das Ziel des sozialen Verhaltens besteht zunächst darin, den Anderen durch Hilfe zur Selbsthilfe zu befähigen. Nur dort, wo Menschen zeitlebens bedürftig bleiben, mangels Begabung oder aufgrund von Behinderung, ist die Gesellschaft verpflichtet, diese Menschen mitzutragen.

Moral und Ethik gibt es nur, wo Freiheit sich entfalten kann. Alle autoritären Systeme unterdrücken die Freiheit, und selbst in unseren freiheitlichen Systemen müssen wir auf die Wahrung der Freiheit achten. Preisabsprachen, Kartelle, Monopolisierungen versuchen die Konkurrenten auszuschalten. Der Kunde wird in seiner Wahlfreiheit eingeschränkt, der Produzent in seiner Wettbewerbsfähigkeit.

Angesichts der menschlichen Neigung zum Egoismus, andere auszuschalten, sich anderer zu bemächtigen, bedarf es auch hier staatlicher Regelungen, die auf gesellschaftlichem Konsens beruhen.

Wo Freiheit herrscht, lebt auch das Risiko

Das Streben des Menschen, seine Freiheit auf Kosten anderer auszunutzen, hat aber noch einen anderen Effekt. Wenn wir nicht von uns aus bemüht sind, das Gute zu tun, die gesellschaftliche Ordnung durch eigenes Verhalten mitzutragen, muss der Staat zu unendlichen Kontrollen greifen und zu einem Wächterstaat werden. In China sind vielleicht die Zimmer nicht mehr so verwanzt wie früher, dafür aber sind Plätze und Straßen mit Monitoren zur Überwachung übersät. Auch in unserem Land scheinen wir uns auf einem ähnlichen Pfad zu bewegen.

»Störfaktor« ist wiederum die Freiheit. Wir wollen alles absichern und kein Risiko eingehen. Wo Freiheit herrscht, lebt aber das Risiko. Sollten die Deutschen die Sicherheit vor die Freiheit setzen, stimmt das bedenklich. Der Weg zur Selbstentmündigung und Fremdbestimmung wäre eröffnet.

Zum Wesen des Menschen gehört die Freiheit, zur Freiheit das Risiko, erst der Mut zum Risiko macht Spaß. Ein Leben ohne Freiheit mag sicher und harmonisch verlaufen, Freiheit ist an der Wurzel von Spontaneität, Kreativität und Innovation, von Prickeln und Spannung. Freiheit und Risiko machen die Lebendigkeit aus, sie sind die Grundlagen von Veränderung und der Freude an Neuem.

Ethik muss der Freiheit dienen

Wie viel Ethik braucht also unser Wirtschaftssystem? So viel, dass unser Menschsein gewahrt und gefördert wird. Ethik dient nicht der Einschränkung der Freiheit, sondern sie dient der Ermöglichung von Freiheit, allerdings nicht nur der Freiheit einiger, sondern der Freiheit aller. Sie wird nur gewahrt durch verantwortliches Handeln aller. Das bedeutet die Festlegung konkreter ethischer Prinzipien, die es je nach gesellschaftlicher Entwicklung weiterzuschreiben gilt. Der Mensch bleibt derselbe, die ethischen Grundlagen ebenso. Was sich ändert, sind die konkreten Festschreibungen. Die Ethik selbst ist ein Ausdruck menschlicher Freiheit. Bewahren wir uns diese Würde gegenüber allen protektionistischen Versuchungen und staatlichen Bevormundungen!

Zusammenfassend kann man sagen: Jegliches wirtschaftliches Handeln trägt als menschliches Tun eine ethische Dimension von Gut und Böse. Wie die Ästhetik ist sie ambivalent als Dimension menschlichen Schaffens. Wir tun gut daran, die Freiheiten zu bewahren, auch wenn sie immer kritisch hinterfragt werden müssen. Der Eigennutz ist berechtigt, da jeder aufgefordert ist, sich selbst zu erhalten. Er muss sich aber in das Gesamt der Gesellschaft und der Wirtschaft einordnen. Schnelle Gewinne laufen oft zum Schaden anderer. Nachhaltiges Denken ist eine Folge von Verantwortung. Diese Verantwortung erstreckt sich über die Sorge um den Gewinn, das Unternehmen, die Mitarbeiter hinaus auf die Gesellschaft, auf ein ganzes Volk und heute im Zeitalter globaler Auswirkungen unseres Handelns auf die Völkergemeinschaft. Ethik ist letztlich eine Frage der Freiheit und damit der Verantwortung. Freiheit ist ein wunderbares Geschenk, aber die Verantwortung kann manchmal sehr unbequem werden.

DIE VISION EINER NEUEN UNTERNEHMENSKULTUR

Seit vielen Jahren bin ich im ständigen Dialog mit Arbeitnehmern, Unternehmern und Verbänden in Seminaren und Vorträgen, meist zu den Themen Führungsethik und Kommunikation.

Aus der Perspektive eines Mönchs, der von seinen Mitbrüdern in geheimer Wahl mit Leitungsaufgaben betraut worden war, sehe ich Unternehmensführung und -kultur in der Wirtschaft mit anderen, kritischen Augen. In manchen Diskussionen darüber ist mir bewusst geworden, welche zeitlosen und weisen Werte die mehr als 1500 Jahre alte Benediktsregel noch immer vermitteln kann. Sie ist keineswegs aus der Mode gekommen, ganz im Gegenteil.

Während die Führungsstrukturen und Unternehmensverfassungen vor allem in großen Gesellschaften vielfach noch militärischen Ursprungs sind (»wir sind gut aufgestellt«) und somit mehr von oben herab, »top down«, als von unten herauf, »bottom up«, funktionieren, hat der heilige Benedikt seinen Klöstern eine vergleichsweise demokratische Organisations- und Entscheidungsform verschrieben. Und vor allem Demut in allem Tun.

»Sooft etwas Wichtiges im Kloster zu behandeln

ist, soll der Abt die ganze Gemeinschaft zusammen-
rufen und selbst darlegen, worum es geht.

Er soll den Rat der Brüder anhören und dann mit
sich selbst zu Rate gehen. Was er für zuträglicher
hält, das tue er.

Dass aber alle zur Beratung zu rufen seien, haben
wir deshalb gesagt, weil der Herr oft einem Jüngeren
offenbart, was das Bessere ist.« (RB 3,1-3)

Genau das ist es, was die Benediktsregel immer
wieder so lebensnah macht: *Alle* sollen gerufen
werden, ihre Meinung beitragen, mitmachen,
auch die Jüngeren, gerade die Jüngeren, weil sie
oft die bessere Lösung finden.

Das ist es auch, was ich unter moderner, parti-
zipativer Unternehmenskultur verstehe: Kein top
down oder bottom up, sondern ein Miteinander,
das In-der-Mitte-Treffen. So entstehen Durchläs-
sigkeit und Konsens.

Natürlich, am Ende der Diskussion muss einer
entscheiden, im Kloster der Abt. Aber er kann sich
auf den Konsens berufen, der seine Entscheidung
stützt. Die Chance ist groß, dass sie von allen mit-
getragen wird und letztlich zum Erfolg führt.

Wenn ich dann noch als ehemaliger Abt und
Abtprimas der Benediktiner gefragt wurde: »Wie
halten Sie es denn mit Ihren Führungsaufgaben
und Ihrem Stil?«, dann habe ich geantwortet:

»Wir sind zwar global vertreten und kein Wirt-
schaftsunternehmen mit vorrangigen Ergebnis-

zielen, aber auch als Abt muss ich führen, vor allem im Sinne von moderieren, inspirieren, Ziele setzen, planen, modernisieren und zusammenhalten. Im Wirtschaftsleben würde man sagen: konsolidieren. Denn ich verfüge in dieser Aufgabe über keine Machtinstrumente.

In erster Linie bedeutet Führung aber für mich in meiner Aufgabe, mit vielen Menschen zusammenzuarbeiten, nicht nur mit meinen Brüdern und Schwestern in der Ordensgemeinschaft, sondern darüber hinaus mit Menschen verschiedenster Berufe: Architekten, Journalisten, Verlegern ...«

Die Schlüsselworte in der Führung von Menschen sind für mich Motivation, Moderation und Inspiration, und, nie zu vergessen: Demut. Mut zum Dienen. Benedikt sagt:

»Er (der Abt) muss wissen, welch schwierige und mühevolle Aufgabe er auf sich nimmt: Menschen zu führen und der Eigenart vieler zu dienen. Muss er doch dem einen mit gewinnenden, dem anderen mit tadelnden, dem dritten mit überzeugenden Worten begegnen.« (RB 2,31)

Am meisten hat mich bei dieser Definition von nachhaltiger Führung in der Benediktsregel der hohe Wert angesprochen, welcher der Personalführung zugemessen wird. Es war schon immer mein besonderes Anliegen, darauf hinzuweisen, dass der Mensch, auch als Mitarbeiter, im Mittelpunkt jedes Unternehmens stehen muss.

Alles, vom Geschäftsmodell über die Innovationsfähigkeit bis hin zum Qualitätsbewusstsein, ist schließlich von motivierten, im wahrsten Wortsinn mit-arbeitenden, mit-denkenden, mit-verantwortlichen Mitarbeitern abhängig. Das scheint einfach zu sein, wird in der Praxis aber häufig missachtet.

Ein *Unternehmensführer* muss also keineswegs ein reiner Manager sein, der vor allem betriebswirtschaftliche, also gewinnorientierte Ziele verfolgt und auf dem Weg dorthin Probleme löst, sondern einer, der Menschen führt. Der feine Unterschied liegt hier, wie in alten preußischen Militärhierarchien, zwischen Strategen und Taktikern. Der eine ist eher Vordenker, der andere eher der pragmatische Macher. Beide Talente sind gefragt.

Was Führen bedeutet

Ich will und kann kein Managementtrainer sein, aber dennoch versuchen, diesen komplexen Vorgang in zehn Eigenschaften näher zu charakterisieren. Sie stehen in ähnlicher Form auch in unserer Benediktsregel und sind, so meine ich, überall gültig und wichtig, wo immer Menschen zusammenarbeiten, ob in Klöstern oder Unternehmen.

Zehn Gebote für gute Menschenführung in Unternehmen, Behörden, Institutionen und Klöstern:

1. Respekt und Wertschätzung
2. Kommunizieren, miteinander reden
3. Ziele setzen und delegieren
4. Probleme analysieren und lösen
5. Kreative Unruhe schaffen
6. Klarheit und Verlässlichkeit schaffen
7. Abläufe permanent überprüfen
8. Motivieren im Sinne des »Sich-Kümmerns«
9. Konstruktive Kritik pflegen
10. Erfolgserlebnisse schaffen und feiern.

Die Visionen:

1. Mehr Partizipation

Meine Visionen einer humanistisch geprägten, ökologisch-sozialen Unternehmenskultur liegen erstens – begründet in der Benediktsregel – im durchlässigen, partizipativen Stil der Führung, die alle Mitarbeiter einbindet, teilnehmen lässt und damit auch mit in die Verantwortung nimmt. Und zweitens in einer neuen Bewertung des Unternehmenserfolgs.

Mit welchen Mitteln lässt sich diese Vision organisieren und erreichen?

Der größte Vorrat an Erkenntnis und Wissen liegt in den Köpfen der Mitarbeiter jedes Unternehmens. Darin sind sich, in Leitbildern, Broschüren und Reden, alle Geschäftsführer und Personalvorstände stets einig. Nur häufig darin nicht, wie dieser Schatz, oder in der Managersprache, diese Ressource, zu heben ist.

Früher, und noch immer, gab es in nahezu allen größeren Unternehmen dafür das Instrument des betrieblichen Vorschlagwesens. Es war bestens implementiert und organisiert, mit Formularen, Prüf- und Bewertungsgremien und einer prozentualen oder promillebehafteten Beteiligung des Mitarbeiters an der zu erwartenden Einsparung oder dem Mehrgewinn aus dem Vorschlag. Einmal im Jahr wurden die Mitarbeiter öffentlich ausgelobt und erhielten den mehr oder weniger großen Prämienscheck.

Alles, wie gesagt, bestens organisiert und zelebriert.

Nur: Im Lauf der Zeit hatte sich das betriebliche Vorschlagwesen abgenutzt, übte nur noch geringe Attraktivität auf die Mitarbeiter aus. Der bürokratische Aufwand war meist zu groß, die Prämien waren meist zu klein.

Aus dieser Erkenntnis heraus entwickelte 1999 das IFES-Institut für empirische Soziologie an der Universität Erlangen-Nürnberg im Auftrag der Siemens AG, einer der größten Ideensammler weltweit, ein neues Konzept der Mitarbeiter-Einbindung. Das Ziel war, mehr Unternehmer im Riesenunternehmen zu finden, herauszufiltern und zu fördern.

Das neue Programm lautete entsprechend nicht mehr »Betriebliches Vorschlagwesen«, sondern 3-i-Programm (Ideen-Impulse-Initiativen).

Das Projekt, das dem damaligen Unternehmenschef Heinrich von Pierer besonders am Herzen lag, brachte im Lauf des nächsten Jahrzehnts tatsächlich zwar weniger kleine Verbesserungsvorschläge, aber viel mehr fertige Konzepte für neue Produkte, die dann im Unternehmen oder in neu gegründeten Projektfirmen, »Spin offs«, umgesetzt und marktreif gemacht wurden.

Als langfristiges Ziel des Programms wird die »lernende Organisation« angestrebt, deren Einheiten und Mitglieder in der Lage sind, selbstständig, schnell und flexibel auf die sich verändernden Bewegungen der Märkte und die Kunden zu reagieren.

Die Schaffung einer »Vertrauensorganisation« und die Mobilisierung der Kreativität, der Initiative und des Engagements aller Mitarbeiter sind weitere Schlüsselbegriffe, die in das neue Unternehmensleitbild eingeflossen sind. Sie zeigen aber auch auf, woran es in der Personalpolitik der 300.000-Mitarbeiter-Organisation bisher offensichtlich mangelte.

Damit soll in der Siemens AG der Mensch mit seinem Wissen, seiner Erfahrung und Kreativität in den Mittelpunkt gestellt werden.

So wurden aus vielen Mitarbeitern Unternehmer, die auf die vorhandenen Strukturen der Muttergesellschaft zurückgreifen konnten, um sich nicht von Anfang an in bürokratischem Kleinkram zu verzetteln.

Heute ist das 3-i-Programm ein Partizipationsmodell, das sich in der Praxis bewährt hat.

Ein anderes Ideen-Programm wird bei der Knorr-Bremse AG in München, ebenfalls ein weltweit arbeitender Konzern, zum Wohl der Mitarbeiter gepflegt: Unter dem Stichwort »Misch Dich ein« oder »Get involved« fördert der Verein »Knorr-Bremse Global Care« soziale Projekte im Unternehmen. Dazu gehören Ferientrainingscamps für junge Sportler ebenso wie Notfallkurse für medizinische Hilfe. Julia Thiele-Schürhoff, die das Programm im Unternehmen koordiniert, beschreibt es so: *»Es geht nicht darum, durch soziales Engagement einen Mehrwert für das Unternehmen zu schaffen. Es geht darum, dass Mitarbeiter den Blick für die Gesellschaft, in der sie leben, nicht verlieren.«*

2. Neue Regeln für den Unternehmenserfolg

Künftig sollten Unternehmen nicht mehr nur nach Gewinnmarge, Rendite und Aktienkurs bewertet und gemessen werden, sondern mehr nach ihrem Beitrag für die Verantwortung in einer ökologisch-sozialen Gesellschaft.

Dies entspringt der Einsicht, dass Wirtschaft nachhaltig nur in einer intakten Umwelt und Gesellschaft existieren kann. Nach dieser Logik wirtschaftet ein Unternehmen dann ökologisch-sozial konform, wenn es nicht zugunsten des Gewinns die Allgemeinheit belastet. Beispiel: wenn es den CO_2-Ausstoß messbar reduziert.

Unternehmen, die solche Erkenntnisse konsequent umsetzen, können nicht nur mit einer breiten Zustimmung der Öffentlichkeit rechnen, sondern auch mit Gewinnen an Marktanteilen, die sich letztlich auch in höheren Erträgen ausdrücken.

Manager müssen vorausgehen

Um den gesellschaftlichen Wandel aufzugreifen und voranzubringen, muss es dem Management gelingen, einerseits durch eine sinnstiftende Vision einen Sog zu kreieren und andererseits genügend Veränderungsdruck aufzubauen. Kommt der Wunsch nach Veränderung nicht von innen, kommt der Druck bald von außen, oft wenn es schon (fast) zu spät ist. Das Management muss vorausgehen. Es muss die Zeichen der Zeit erkennen und die neue Kultur vorleben. Es muss Rahmenbedingungen schaffen, die selbstständiges Arbeiten zulassen, Bürokratie konsequent abbauen, Weisungen reduzieren, komplizierte Entscheidungswege eliminieren. Und es muss insbesondere den Kunden und die Mitarbeitenden involvieren.

Dazu müssen Kompetenzen freizügig an alle Mitarbeitenden delegiert werden. Dies braucht vor allem Vertrauen. Vertrauen auf die Fähigkeiten der Mitarbeitenden und Vertrauen darauf, dass auch sie nur das Beste für das Unternehmen wollen. Da viele Unternehmen selbstständiges Arbeiten weder gefördert noch gefordert haben, braucht es einerseits Zeit und andererseits kann der eine oder andere Personalwechsel angezeigt sein, auch in den Chefetagen. Hierzu ist die Vision erneut ein Schlüsselelement. Finden Sie diejenigen Mitarbeitenden, die Ihre Vision umsetzen wollen! Die Vision von Lexus, einer Marke im Toyota-Konzern, ist dafür sicher ein gutes Beispiel. Als Lexus in den Luxus-Automarkt vordringen wollte, lautete die Vision: »Schlagen wir Mercedes Benz«. Wer dafür ist, sollte bleiben, wer nicht, sollte das Unternehmen verlassen.

Aus dieser zugegeben kompromisslosen Haltung lässt sich eine These ableiten: Es sind oft nicht die fehlenden Fähigkeiten oder der fehlende Wille zur Veränderung, um erfolgreicher zu sein oder um sich kunden- und serviceorientierter auszurichten, es ist die fehlende Vision, die viele Unternehmen daran hindert, besser zu werden.

Und eine zukunftsorientierte, sinnstiftende Vision ist in Zeiten, in denen sich alles unheimlich rasch verändert und verändern kann, wichtiger denn je, für kleine, mittlere und große Unternehmen gleichermaßen. Ja, auch kleine und mittelständische Unternehmen brauchen Visionen, nicht nur die großen. Alle sind aufgrund der raschen Veränderungen durch die digitale Transformation den gleichen Herausforderungen ausgesetzt.

Auch IBM oder Microsoft brauchen beispielsweise dringend neue Visionen. IBM hat sich vor einigen Jahren von einem Computer-Hersteller zu einem Beratungsunternehmen gewandelt, Microsoft hat viele Trends verschlafen und sich lange auf alten Lorbeeren ausgeruht. Erst seit 2014 gestaltet der neue Chef Satya Nadella das Unternehmen um. Diesmal will Microsoft früh bei den neuen Trends rund um das Thema »Mixed Reality« mitspielen.

Kostensenkungsprogramme sind keine Vision

Egal welches Buch über Unternehmensführung wir momentan zur Hand nehmen, alle kommen zum Schluss, dass sich nach wie vor sehr viele Unternehmen zu sehr mit Kostensenkungsprogrammen und der Steigerung des Gewinns beschäftigen. Viele Unternehmen denken (noch) zu wenig darüber nach, wie sie die Bedürfnisse ihrer Kunden befriedigen und ihre Kunden begeistern können. Denn auch der Wert für die Eigentümer kann letztlich nachhaltig nur gesteigert werden, wenn es einem Unternehmen gelingt, die Kundenbedürfnisse besser als die Mitbewerber zu befriedigen und Kunden zu begeistern.

Dies steht übrigens keineswegs im Widerspruch zu Effizienzsteigerungen, Lean Management und höheren Gewinnen. Sehr oft ist bei näherem Hinschauen weniger mehr.

Die wichtigste Frage ist doch: Kennen Sie die wahren Bedürfnisse Ihrer Kunden? Kennen Sie deren Motive? Können Sie und Ihre Mitarbeitenden sich »einfach« in die Situation des jeweiligen Kunden einfühlen und Lösungen anbieten, die Begeisterung hervorrufen? Verfügen Ihre Mitarbeitenden, insbesondere diejenigen, die in direktem Kundenkontakt stehen, zudem über die notwendigen sozialen, finanziellen und Entscheidungskompetenzen, um adäquat auf die individuellen Kundenanliegen reagieren zu können? Wussten Sie beispielsweise, dass im Hotel Ritz auch das Reinigungspersonal genügend Kompetenzen (auch finanzielle) hat, um Kundenbeschwerden direkt und unkompliziert aus der Welt zu schaffen? Sie haben nicht nur die Kompetenz dafür, sondern auch die Verantwortung. Da wird nichts nach oben delegiert, nichts muss über den Tisch eines Vorgesetzten.

Sammeln und verwerten fürs Gemeinwohl

Unternehmensübergreifend arbeitet der Wirtschaftspublizist Dr. Hans-Peter Canibol an einer Idee zur besseren Organisation und Verwertung von brachliegendem Ideenfundus. Die Deutschen, sagt er, stehen noch immer im guten Ruf, ein Volk von Denkern und Tüftlern zu sein, und leisten sich dabei den Luxus, zahlreiche Ideen für neue Produkte zu haben, die nicht aufgegriffen werden und untergehen.

In England war es im 17. und 18. Jahrhundert für die Bürger eine Ehre, wenn sie etwas erfanden und damit den Wohlstand des Landes mehrten. In Deutschland legen die Mitarbeiter laut Institut der deutschen Wirtschaft jährlich eine Million Verbesserungsvorschläge auf den Tisch, von denen zwei Drittel realisiert werden.

Die Problemstellung: Nicht jeder, der eine Idee hat, kann sie auch selbst realisieren.

Zumeist ist es viel zu zeitaufwendig für den Einzelnen und würde ihn auch überfordern, einen Business-Plan auszuarbeiten und umzusetzen. Nicht jeder kann sich zeitweilig aus seinem Berufsleben ausklinken und Monate oder Jahre in ein noch ungewisses Geschäftsmodell investieren.

Ein weiteres großes Manko ist, dass Ideen in Deutschland leicht kopiert werden können und zu schlecht geschützt werden. »Viele Leute«, so beobachtet Stephan Scholtissek, Ex-Chef der Unternehmensberatung Accenture, »verheimlichen aus Verlustangst lieber ihre oftmals interessanten Ideen.« So kommt es, dass die weitaus meisten Ideen nicht umgesetzt und vergessen werden.

Deshalb schlägt Canibol vor, eine Institution zu schaffen, mit der Ideen gesammelt, auf ihre Verwertbarkeit geprüft und bei entsprechender Eignung realisiert werden.

Erfasst werden dabei alle Vorschläge, die geeignet sind

- zur Verbesserung des Arbeitsablaufes, zur Verbesserung von Maschinen und Anlagen,
- zur Einsparung von Material, Energie, Arbeitsmitteln und Arbeitskräften,
- und somit letztlich zur Steigerung der Erlöse (auch durch neue Produkte und Angebote).

Das Potenzial hierfür erscheint außerordentlich groß. Zwei Gegenargumente lauten:

- Erstens: Wer soll die Flut von Vorschlägen fundiert bearbeiten und beurteilen? Das Ganze wird dann viel zu teuer.
- Zweitens: Lohnt sich das? Kenner der Thematik, wie Scholtissek, befürchten, dass viele ihre Ideen ängstlich verstecken. Ändern kann man dies, indem man eine vertrauenswürdige Institution mit der Verwaltung der Vorschläge betraut.

Idealerweise wird über die Institution als Stiftung ein Fundus von Patentrechten aufgebaut, der eine kontinuierliche langfristige Rendite generiert. Insofern ist eine Beteiligung sowohl für Kapitalgesellschaften wie für vermögende Anleger zur längerfristigen Vermögenssicherung interessant.

Verbesserungsvorschläge werden in Unternehmen üblicherweise mit 15 Prozent der erzielten Nettoerlöse vergütet. Der Ideengeber wird bei der vorgeschlagenen Lösung an den Erlösen beteiligt. 40 Prozent der Einnahmeerlöse fließen in die Stiftung »Deutschland AG«.

Die Stiftung kann konventionell über den Verkauf von Aktien öffentlich und über Crowd-Funding kapitalisiert werden.

An der Stiftung können sich zudem Medien wie Tageszeitungen und Onlineportale beteiligen, die zum Erfolg beitragen, indem ihre Leser interessante Ideen einreichen. Dafür erhalten sie für jede eingereichte und verwertete Idee eine Erlösbeteiligung von acht Prozent.

Nach den Prognosen prominenter Wirtschaftswissenschaftler wird die Zukunft ganzer Volkswirtschaften über den Innovations- und Wissenswettbewerb entschieden. Es ist daher wichtig, dass wir sämtliche Möglichkeiten und Quellen ausschöpfen, um in diesem Wettbewerb zu bestehen.

Letztlich müssen sich sämtliche Programme der Unternehmen jedoch daran messen lassen, ob sie nicht nur zur Prozess- oder Gewinnoptimierung beitragen, sondern auch zur Humanisierung der Arbeitswelt.

VISION: DIE DIGITALE REVOLUTION / INDUSTRIE 4.0

....

Im Jahr 1999 veröffentlichte der Microsoft-Gründer Bill Gates sein Buch »Digitales Business – Wettbewerb im Informationszeitalter«. Er beschrieb darin die »Erfolgsvision für das 21. Jahrhundert«.

Das Buch wurde, wie Microsoft, das Softwareunternehmen, das jahrelang fast ein Monopol für Computer-Betriebssysteme für den gewerblichen und privaten Markt besaß, ein Welterfolg. Es erschien in mehr als 100 Sprachen.

Bill Gates war damals, vor fast 20 Jahren, ein kühner Prophet der digitalen Revolution, als er voraussagte, dass »*die Informationstechnologie unsere Fähigkeiten erweitert, zu denken, unsere Gedanken zu artikulieren, und zusammenzuarbeiten, um auf der Grundlage jener Gedanken zu handeln.*«

Er war davon überzeugt: »*Wenn Unternehmen ihre Mitarbeiter dazu ermutigen, Probleme zu lösen, und ihnen die richtigen Werkzeuge dafür zur Verfügung stellen, dann werden sie sich wundern, wie viel Kreativität und Initiative auf einmal entsteht.*«

Gates proklamierte das papierlose Büro, die Online-Informationstechnologie und die Transparenz sämtlicher Geschäftsprozesse. Im letzten Kapitel wurde er geheimnisvoll: »*Bereiten Sie sich auf die digitale Zukunft vor.*« Damit meinte er, dass ein digitales Nervensystem dabei helfen kann, die Arbeitswelt und ihre Rolle in der Zukunft neu zu definieren.

Es war die Ankündigung der digitalen Revolution, in der wir jetzt stehen.

Dazu nur ein kurzer historischer Abriss über die bisherigen vier Epochen der industriellen Entwicklung:

1. Die erste Massenproduktion durch Maschinen

startete circa 1800, rückwärts betrachtet startete somit die Industrie 1.0. Die ersten Maschinen wurden wie die Webstühle durch menschliche Kraft betrieben. Mechanische Produktionsanlagen wurden errichtet und Maschinen durch Wasser- und Dampfkraft angetrieben.

Die Wasserkraft war die erste Primärenergie. Danach kamen die Dampfmaschinen zum Einsatz. In dieser Entwicklungsphase gehörten zu den ersten Erfolgen der frühen Industrialisierung die Eisenbahnen, der Kohleabbau, die Schwerindustrie, die Dampfschifffahrt, die Tuchherstellung, der Verkehr und der Textildruck. Die Menschen erkannten früh, dass schon die erste industrielle Entwicklung neue Arbeitsplätze in den Fabrikhallen schaffte.

2. Akkord und Fließband

Die Einführung der Elektrizität als Antriebskraft zum Ende des 19. Jahrhunderts war der Startschuss für die zweite industrielle Revolution (Industrie 2.0). Mit den ersten Automobilen ab dem frühen 20. Jahrhundert wurde die Arbeit in den Produktionshallen stetig weiter automatisiert. Die Fabrikhallen produzierten in Rekordzeit am Fließband und Motoren nahmen weitere Arbeit ab.

In dieser Entwicklungsphase wurden auch die Büroarbeitsplätze in der Kommunikation weiterentwickelt. Telefonate und Telegramme vereinfachten die Kommunikation und Arbeitsprozesse wurden beschleunigt.

3. Die Computerisierung

Ab den 1970er Jahren startete die dritte industrielle Revolution. Hier stand die weitere Automatisierung durch Elektronik und Informationstechnologie im Mittelpunkt. Nach den großen Rechenmaschinen begründete nun der Personal-Computer für Büro und Haushalt einen neuen Industriezweig.

4. Die Digitalisierung und Informatisierung

Wir befinden uns, beschleunigt durch die Entwicklung des Smartphones ab dem Jahr 2007, in der Mitte der vierten industriellen Revolution. Längst wird in vielen Unternehmen nicht mehr auf Lager produziert, die Herstellung vieler Produkte erfolgt auf Nachfrage oder nach dem tatsächlichen Bedarf. Just-in-Time-Strategien konnten dank der stetigen Weiterentwicklung in der Informationsverarbeitung und -technik umgesetzt werden.

Industrie 4.0 lautet der Begriff für die moderne Technologie und Produktion im Zeitalter der digitalen Revolution. Damit wird nicht nur die industrielle Entwicklung weiterer Technologien beschrieben, wie schon in den vergangenen zwei Jahrhunderten, sondern auch die geänderte Produktions- und Arbeitswelt im globalen Zeitalter.

Die »Informatisierung« nimmt in der Industrie 4.0 konkretere Formen an. Klassische Industriezweige wie die Baubranche werden weiter digitalisiert und neue Kommunikationsformen geschaffen – selbst Gebrauchsgegenstände und Verpackungen sind durch Strichcodes ans Internet angeschlossen.

Auch auf Trends, Geschmäcker und Bedürfnisse des Absatzmarktes kann die Industrie 4.0 schneller und exakter reagieren. Eine größere

Bandbreite an Modellen und Produktausführungen wird ebenso schnell hergestellt wie auf die rapiden Entwicklungen des Marktes reagiert. Und neue, digitale Fabriken produzieren bei Bedarf bezahlbare Einzelstücke ohne Einbußen.

In der Industrie 4.0 verzahnt sich die Produktion mit modernster Informations- und Kommunikationstechnik. Beschleunigt wird diese Entwicklung durch die rasant zunehmende Digitalisierung von Wirtschaft und Gesellschaft. Sie verändert nachhaltig die Art und Weise, wie zukünftig in Deutschland und global produziert und gearbeitet wird: Intelligente Fabriken (so genannte »Smart Factories«) bestimmen die vierte industrielle Revolution.

Technische Grundlage hierfür sind intelligente, digital vernetzte Systeme, mit deren Hilfe eine weitestgehend selbstorganisierte Produktion möglich wird: Menschen, Maschinen, Anlagen, Logistik und Produkte kommunizieren und kooperieren in der Industrie 4.0 direkt miteinander. Dazu müssen sie aber auch noch viel voneinander lernen. Weiterbildung ist das Schlüsselwort.

Produktions- und Logistikprozesse zwischen Unternehmen im selben Produktionsprozess werden intelligent miteinander verzahnt, um die Produktion noch effizienter und flexibler zu gestalten.

So entstehen intelligente Wertschöpfungsketten, die zudem alle Phasen des Lebenszyklus des Produktes einschließen – von der Idee eines Produkts über die Entwicklung, Fertigung, Nutzung und Wartung bis hin zum Recycling. Deshalb können Unternehmen leichter als bisher maßgeschneiderte Produkte nach individuellen Kundenwünschen produzieren. Die individuelle Fertigung und Wartung der Produkte könnte der neue Standard werden.

Zum anderen können trotz individualisierter Produktion die Kosten der Produktion gesenkt werden. Durch die Vernetzung der Unternehmen der Wertschöpfungskette ist es möglich, nicht mehr nur einen Produktionsschritt, sondern die ganze Wertschöpfungskette zu optimieren. Wenn alle Informationen in Echtzeit verfügbar sind, kann ein Unternehmen frühzeitig auf die Verfügbarkeit bestimmter Rohstoffe reagieren. Die Produktionsprozesse können unternehmensübergreifend so gesteuert werden, dass sie Ressourcen und Energie sparen.

Insgesamt können die Wirtschaftlichkeit der Produktion gesteigert, die Wettbewerbsfähigkeit der Industrie gestärkt und die Flexibilität der Produktion erhöht werden.

Eine zentrale gesellschaftliche und politische Gestaltungsaufgabe

Für den Innovations- und Wirtschaftsstandort Deutschland bietet das enorme Potenziale: Rund 15 Millionen Arbeitsplätze hängen direkt und indirekt von der produzierenden Wirtschaft ab. Mit der Digitalisierung von Industrie und Wirtschaft werden sich nicht nur Wertschöpfungsprozesse verändern, es werden auch neue Geschäftsmodelle und neue Perspektiven für Beschäftigte entstehen. Gerade für kleine und mittlere Unternehmen bieten intelligente, digitale Produktionsverfahren große Chancen.

Ein Beispiel für ein mittelständisches Unternehmen: Der Ingenieur Klaus Hirsch und seine Tochter Alexandra Rosenberg betreiben in Türkheim bei Bad Wörishofen ein hochspezialisiertes Unternehmen in der Automobil-Zulieferindustrie. Es stellt Präzisionsrohre und Rohrleitungen für Schiebedächer und Dieselmotoren her. Das Unternehmen beschäftigt 150 Mitarbeiter, ist voll ausgelastet und hat nur das Problem, auf dem lokalen und näheren Arbeitsmarkt qualifizierte Mitarbeiter zu finden. Deshalb hat es frühzeitig auf Roboter in der Massenfertigung von Teilen gesetzt. In der Kleinserienfertigung ist es nach wie vor auf Handarbeit angewiesen.

Die Kunden des Unternehmens – Automobilhersteller – sind auf hohe Flexibilität je nach Nachfrage angewiesen und fordern solche Flexibilität auch von ihren Zulieferern ein. Während Schiebedächer eine höhere Nachfrage haben, muss bei Dieselmotoren durch den Markteinbruch wegen der Stickoxid-Diskussion die Produktion drastisch zurückgefahren werden. Die Produktions-Stückzahlen ändern sich täglich, das Unternehmen muss entsprechend darauf reagieren, meist auch übers Wochenende.

Weil aber am Wochenende nicht gearbeitet wird, kontrollieren Alexandra Rosenberg und ihre leitenden Mitarbeiter noch am Freitagnachmittag den Bestelleingang und entscheiden dann, ob ein Roboter eine Sonderschicht am Wochenende einlegen soll, um dann am Montagmorgen die Charge an den Kunden auszuliefern. Sie kann das mit ihrem Handy, weil der Roboter vorher noch mit dem Rohmaterial »gefüttert« wurde.

**Welche Auswirkungen hat »Industrie 4.0«
auf den Arbeitsmarkt?**

Die logische Verknüpfung von Informationstechnologie und künstlicher Intelligenz wird die Arbeitswelt radikal verändern – das ist sicher. Nur das Tempo ist noch unklar. Weil die Ausbildung der Menschen erst mit der technologischen Entwicklung Schritt halten muss.

Noch halten sich Chancen – Erleichterung und Effizienz – mit den Risiken – Wegfall mancher, vielleicht vieler Arbeitsplätze – die Waage. Vieles wird davon abhängen, wie Chancen und Risiken von den Entscheidungsträgern in der Wirtschaft letztlich gewichtet und gestaltet werden. Wir sollten aber den Blick nicht zurück, sondern nach vorn richten und eher die Chancen sehen. Wer schon ein paar Weltuntergangsszenarien hinter sich hat und die Anpassungsfähigkeit der Menschen erlebt hat, wird diese Entwicklung entspannter sehen.

Wer kontrolliert die Algorithmen?

Algorithmen, so heißt es, nehmen über Computer, deren Betriebsprogramme und Zusatzprogramme (Apps) und über unser Nutzerverhalten zunehmend Einfluss auf unser Leben: wie wir uns verhalten, was wir konsumieren und welche Vorlieben wir haben. Damit kontrollieren sie uns, machen uns durchsichtig und beeinflussbar. Die Horrorvorstellungen im Romanklassiker »1984« sind damit längst Realität geworden.

Was sind eigentlich Algorithmen?

»*Ein Algorithmus ist eine eindeutige Handlungs-vorschrift zur Lösung eines Problems oder einer Klasse von Problemen.*

Algorithmen bestehen aus endlich vielen, wohlde-finierten Einzelschritten. Damit können sie zur Aus-führung in einem Computerprogramm implemen-tiert, aber auch in menschlicher Sprache formuliert werden. Bei der Problemlösung wird eine bestimmte Eingabe in eine bestimmte Ausgabe überführt.«

So ist es in Wikipedia definiert.

Hinter dieser Definition steht allerdings viel mehr als nur mathematische Formeln in einem Computerprogramm: Es sind Anwendungen, die jeden von uns betreffen, weil sie unsere Verhal-tensweisen entschlüsseln und damit transparent machen können.

Drei Beispiele aus dem Alltag sollen dies ver-deutlichen:

1. Wenn wir morgens mit dem Auto zur Arbeit fahren und ein Navigationsgerät nutzen, arbeitet hinter dem Apparat häufig der Dijkstra- oder Kür-zeste-Pfade-Algorithmus. Der berechnet in Form eines Graphen und dessen Knoten, welche Route am schnellsten ist. Selbst Faktoren wie Stau, Stei-gungen und Straßensperrungen werden hier be-rücksichtigt.

2. Wenn Sie einen Begriff in einer Suchma-schine wie Google eingeben, erfolgt die Ausgabe der Ergebnisse über den PageRank-Algorithmus.

Der prüft die Ergebnis-Webseiten nach Kompetenz, Verlinkungsstruktur und Relevanz für Ihre Suchanfrage. Danach werden die Ergebnisse sortiert.

3. Hinter jeder Ampel steckt ein Algorithmus, der das genaue Schaltverhalten definiert.

Algorithmen für Computer sind heute so vielfältig wie die Anwendungen, die sie ermöglichen sollen. Vom elektronischen Steuergerät für den Einsatz im Kraftfahrzeug über die Rechtschreib- und Satzbau-Kontrolle in einer Textverarbeitung bis hin zur Analyse von Aktienmärkten finden sich Tausende von Algorithmen.

Mit Hilfe von Algorithmen können also nahezu unendlich viele definierte mathematische Aufgaben in Software-Programmen in präziser Logik gelöst werden. Sie können aber noch viel mehr, nämlich mit jedem Klick auf einer Website den Benutzer erfassen, identifizieren, registrieren.

So wird der Weg des Verbrauchers im Internet transparent und sein Verhalten, besonders wenn es um Konsumgewohnheiten geht, vorhersehbar. Und damit sind wir in gewisser Weise auch manipulierbar.

Wenn beispielsweise Amazon registriert, in welcher Bücherecke wir am liebsten schmökern, werden wir immer wieder gezielt auf dieses spezielle Genre angesprochen – ob wir wollen oder nicht. Algorithmen können also unser Internetverhalten analysieren und alle Informationen um uns herum miteinander verknüpfen und neu ordnen. Deshalb sind sie auch für Internet-Dienstleister wie Google oder »soziale Medien« wie Facebook das wichtigste Kapital und auch Machtfaktoren, die beispielsweise in Wahlkämpfen missbräuchlich eingesetzt werden können.

Zwar bleiben wir weiter frei in unserer Entscheidung, aber wir wissen nicht, wo unser »digitaler Fußabdruck« mit unseren Gewohnheiten und Vorlieben noch hinwandert. Denn Verbraucherdaten sind im Internet eine äußerst gefragte Handelsware, je präziser, desto teurer.

Warum dieser kleine Ausflug hinter die Kulissen des Internet?

Jeder sollte darauf achten, möglichst keine digitalen Spuren im Internet zu hinterlassen, und sie zumindest nach jeder Sitzung aus den Browsern wieder zu löschen.

Die Vision: Gemeinsam gestalten und Rahmenbedingungen festlegen und kontrollieren

Heute Industrie 4.0, morgen vielleicht 8.0. Veränderung ist unser Motor. Die technologische Revolution ist nur die eine Seite, die gesellschaftliche Veränderung die andere.

Sie ist vor allem eine Herausforderung an die Sozialpartner. An das Management, an die Arbeitnehmer und ihre Vertreter.

Am besten können diese Veränderungen nur im Konsens gelöst werden, in der Partizipation, in gemeinsamer Teilhabe.

In der »Industrie 4.0« müssen, wie grundsätzlich im Umgang mit digitalen Medien und Strukturen, zwei Voraussetzungen erfüllt und vom Gesetzgeber abgesichert sein:

1. Der arbeitende Mensch darf niemals, weder in seinem Arbeitsumfeld noch in seinem privaten Leben, zum total überwachten, völlig transparenten Faktor verkommen. Seine Würde muss auch hier, gemäß unserem Grundgesetz, unantastbar bleiben.

2. Algorithmen dürfen niemals für manipulative Zwecke missbraucht werden. Auch dies muss vom Gesetzgeber sichergestellt werden. Wir brauchen eine Art Algorithmen-TÜV mit permanenter Überprüfung, und zwar sowohl auf internationaler wie auf nationaler Ebene. Global arbeitende Informations-Dienstleister wie Facebook und Google müssen sich auch globalen Kontrollen stellen.

VISION: SILICON VALLEY ODER: DIE MACHT DER KÜNSTLICHEN INTELLIGENZ

Wer versucht, Visionen zu verorten, wird fast zwangsläufig im Silicon Valley ankommen, dem Tal südlich von San Francisco, das weltweit als der Platz gilt, an dem sich die High-Tech-IT-Industrie konzentriert hat, zumindest die in den USA.

Mehr als eine halbe Million Menschen arbeiten hier interdisziplinär in einem Gebiet von 4000 km² für führende Konzerne wie Apple, Amazon, AMD, Dell, eBay, Facebook, Google, Hewlett-Packard, Intel, Oracle, Tesla und Yahoo, um die bekanntesten zu nennen.

Hervorgegangen ist diese weltweit größte Agglomeration an High-Tech-Unternehmen aus einem kleinen Industrial Park der Stanford Universität im nahen Palo Alto. Als historischer »Gründerbau« überliefert ist nur die Holzgarage, in der William Hewlett und David Packard 1939 ihre Elektronikfirma gründeten.

Das »Original« Silicon Valley wurde in den letzten Jahren zum Vorbild für weitere interdisziplinäre High-Tech- und IT-Cluster wie Bangalore (Indien), Shenzen (China), Oulu (Finnland) und Silicon Oasis (Dubai, VAR). In Deutschland wurde 2004 der IT-Cluster Rhein-Main-Neckar gegründet, Frankreich plant im Süden von Paris und in der Nähe von Bordeaux zwei Silicon-Valley-ähnliche Zentren.

Nicht nur im Original Silicon Valley, sondern auch in allen anderen Denkfabriken dieser Welt arbeiten die Forscher mit Hochdruck am nächsten großen Innovationsschub: der künstlichen Intelligenz, vom selbstfahrenden Auto bis zur Fernsteuerung von Fabrikanlagen.

Die Grundidee ist bei allen vier großen Entwicklern der Branche – Apple, Google, Facebook und Microsoft – eine neue, vor allem sprachgesteuerte Benutzeroberfläche. Aber auch andere Eingabehilfen und -systeme, wie Körpersprache und Mimik, beispielsweise Kopfnicken oder Augenaufschlag, fließen in die Benutzeroberflächen ein. Sie gehen damit viel weiter, als es Betriebssysteme wie Android und iOS oder Anwendungen wie der Facebook Messenger heute schon tun.

Die künstlichen Intelligenzsysteme, ob sie nun virtuelle Assistenten oder Chatbots genannt werden, sollen Anwendern nützliche Informationen aus allen möglichen Apps, aus dem Netz und aus der Cloud des jeweiligen Anbieters zusammensuchen, verarbeiten und das Ergebnis möglichst menschennah präsentieren. Entscheidend ist, dass die Nutzer die jeweilige Microsoft-, Facebook-, Google- oder Apple-Umgebung nicht verlassen müssen, nicht zwischen Apps und Accounts hin- und herwechseln.

Das soll auf mobilen Geräten funktionieren, und insbesondere Facebook, Google und Apple kämpfen darum, das künftige dominante Betriebssystem zu etablieren. Und es *muss* in künftigen vernetzten Umgebungen funktionieren, in denen Googeln, Chatten oder Shoppen über Display, Tastatur und Maus keine echte Option ist. Zum Beispiel im Auto, in der virtuellen Realität oder im Smart Home.

Solche Umgebungen werden gerade aufgebaut, und wer es als Erster schafft, dafür eine überlegene Benutzeroberfläche zu entwickeln, wird sie vorerst beherrschen, wird seine Nutzerbasis vergrößern und bestehende Nutzer jederzeit innerhalb seines Betriebssystems bedienen können.

Dieser nächste Schritt wäre ebenso revolutionär wie risikobehaftet. Und er verleitet manche Manager dazu, bereits im Vorfeld ein Hyper-Selbstvertrauen bis hin zum Hochstapler-Syndrom zu entwickeln, nach dem Motto: Diese künstliche Intelligenz der Zukunft ist Gott-ähnlich. Die Geschichte der Menschheit kennt derartige Beispiele und Mythen, siehe die griechische Sage von Ikarus und Dädalus. Tritt hier ein neuer Homo Deus aus dem Schatten, von dem der im März 2018 verstorbene britische Physiker Stephen Hawking sagte, er sei wie der ewige untaugliche Versuch, im Wassertropfen eines Ozeans Gott zu finden?

So gedeihen im soziologischen Mikrokosmos des Silicon Valley zuweilen Technologie-Deutungen nahe einer religiösen Verklärung. Der Paypal-Gründer Peter Thiel sagte einmal: »*Meiner Ansicht nach kann man sich zum Tod auf dreierlei Weise verhalten: Man kann ihn akzeptieren, leugnen oder bekämpfen. Die Gesellschaft besteht nach meiner Beobachtung vor allem aus Leuten, die den Tod leugnen oder hinnehmen. Ich bekämpfe ihn lieber.*«

Der deutsche Software-Entwickler Sebastian Thrun, einer der Vordenker seiner Zunft, sagte zur Frage, ob künstliche Intelligenz das Leben der Menschen verlängern könne: »*In den letzten 150, 200 Jahren hat sich die Lebensdauer der Menschen verdoppelt. Ich finde, die Frage, ob wir sie noch einmal verdoppeln können, ist eine wirklich faire Frage, die man stellen sollte. Technologie ist nie ein Selbstzweck, sie ist immer ein Mittel zum Zweck. Letztlich geht es darum, das Leben der Menschen besser zu gestalten und das Niveau des Lebens für alle anzuheben. Das Gute ist, dass es im Moment einen unglaublichen Fortschritt gibt. Und durch diesen Fortschritt finden wir neue Antworten auf zentrale Fragen des Lebens, etwa: Wie lange leben wir?*«

Thrun ist damit ein Protagonist des »Transhumanismus«, einer Bewegung, die sich in den USA und in Europa ausbreitet. Sie beruft sich auf

Nietzsches »Übermensch« und auf den englischen Philosophen Julian Huxley.

Deren Ziel ist es, die Grenzen menschlicher Möglichkeiten, seien es intellektuelle, physische oder psychische, durch technologische Verfahren zu erweitern. Damit würde nicht weniger als die göttliche Einzigartigkeit jeder menschlichen Existenz in Frage gestellt.

In ihrem aktuellen Buch »Brotopia – Breaking up the Boys' Club of Silicon Valley« weist die Autorin Emily Chang, eine langjährige Beobachterin des männlich dominierten Sozio-Biotops, auf drohende Gefahren dieser Insider-Szene hin: »*Was geschieht, wenn Roboter künftig künstliche Intelligenz vor allem von weißen Männern lernen? Werden sie dann auch nur wie weiße Männer denken?*«

Ihre Forderung: »*Je mächtiger Technologie wird, desto wichtiger ist es, dass Menschen mit verschiedenen Herkünften und Hintergründen an ihr arbeiten.*«

Die Vision: Technologie, auch künstliche Intelligenz, soll dem Menschen dienen, sein Leben erleichtern und seine Freiheit bewahren. Wenn sie der Manipulation und Überwachung der Menschen dient, verselbstständigt sie sich und führt zur Versklavung. Deshalb: Jede Form der Kommunikation mit dem Internet muss unter gesetzlichem Schutz nachvollziehbar und umkehrbar sein.

Was die Bundesrepublik Deutschland, die Schweiz und die USA mit zahlreichen anderen Staaten gemeinsam haben? Sie sind Bundesstaaten, föderale demokratische Republiken. Ihre föderale Staatsstruktur baut auf einer Vielzahl von weitgehend selbstständig verwalteten Ländern auf. In der Schweiz heißen sie Kantone, 26 an der Zahl, in Deutschland Bundesländer oder Freistaaten, insgesamt 16, in den USA States, aktuell 50. Früher nannte man sie die »Konföderierten«.

Was diese Staaten noch gemeinsam haben: Sie sind politisch stabil.

Seit den anhaltenden Bemühungen der katalanischen Regierung um mehr Eigenständigkeit und Selbstständigkeit von der spanischen Zentralregierung in Madrid wird in Europa wieder stärker über das Föderalismus-Prinzip diskutiert, wenngleich noch viel zu wenig.

Föderalismus ist nach unserem Bundesstaats-Verständnis ein Strukturprinzip, das einen Staat bezeichnet, der sich aus mehreren verschiedenen Unterstaaten aufbaut, wie die Bundesrepublik Deutschland aus ihren 16 Bundesländern.

In diesem politischen System existieren gleichberechtigte souveräne Unterstaaten. Diese besitzen in vielen wesentlichen Aspekten der Selbstverwaltung ein Eigen- oder Mitbestimmungsrecht. Jeder Unter- oder auch Teilstaat kann seine eigene Landesregierung bilden und auf der gesamtstaatlichen Ebene an Entscheidungsprozessen mitwirken.

Mehr Föderalismus – siehe Katalonien, das Baskenland und Schottland – ist eine Forderung oder ein Wunsch vieler der seit Jahrhunderten dort verwurzelten Menschen. Nicht nur deshalb kommt den regionalen Parlamenten große Bedeutung zu. Dies wird von Zentralisten gern belächelt und als provinzielle Quatschbude abgetan, die sich um das Fischereirecht und die Normierung von Ziegelsteinen kümmert. In Wahrheit sind der Landtag oder die Provinzregierung einer der letzten Garanten für gelebten Föderalismus in vielen Ländern. Die Abgeordneten sind das regionale Bindeglied zwischen den Wenigen da oben und den Vielen da unten. Es gibt hier noch Nähe zwischen Bürgern und Politik.

Soviel zu den politischen Definitionen.

Wir Benediktiner sind zwar kein Staatsgebilde und auch kein Staat im Staat, sondern nur ein christlicher Orden und nicht einmal ein Orden im engeren Sinn. Doch wir sind über Staats- und Ländergrenzen hinweg seit jeher ein gutes Beispiel für den Föderationsgedanken.

Unsere Klöster, Abteien und Priorate sind

eigenständige, wirtschaftlich selbstständige Gemeinschaften; eine übergreifende Ordensorganisation im eigentlichen Sinn gibt es nicht. Die meisten Klöster sind in Kongregationen zusammengeschlossen, die Kongregationen wiederum zur Benediktinischen Konföderation, der ein von allen Äbten gewählter Abtprimas vorsteht. Dieser hat keine Leitungsfunktion, sondern nur repräsentative Aufgaben. Der Abtprimas – ich kann das aus meiner 16-jährigen Arbeit in Rom so sagen – kann also keinerlei Macht ausüben, er kann lediglich zusammenführen, moderieren und motivieren, er vertritt den Orden beim Papst und den obersten kirchlichen Behörden.

Dies alles beeinträchtigt die Eigenständigkeit des einzelnen Klosters nicht. Jede zentralistische Tendenz ist uns Benediktinern fremd. Es gibt keinen Generaloberen, der letztlich über uns bestimmt. Auch vom Ortsbischof ist die Abtei unabhängig. Sie ist damit vor Ort, eine »Kirche im Kleinen«.

Für jedes einzelne Kloster ist diese Art symbolischer Repräsentanz eine große Verpflichtung, den Gottesdienst würdig und ausdrucksvoll zu gestalten. Wenn wir ein Wort des Apostels Paulus – »Keiner lebt für sich selbst [...] leben wir, so leben wir dem Herrn.« – in leichter Abänderung auf unsere Benediktinerklöster anwenden dürfen, so können wir sagen: »Keines unserer Klöster lebt für sich selbst, obwohl wir selbstständig und eigenverantwortlich leben – wir leben für den Herrn.« Wir sehen also unsere Aufgabe darin, über uns hinaus zu leben und zu wirken.

So hat sich unsere föderale Struktur über die Jahrhunderte hinweg bewährt, auch und gerade, weil wir für uns selbst verantwortlich sind und gelernt haben, so zu leben und zu wirtschaften in Eigenverantwortung.

Natürlich gibt es fundamentale Unterschiede zwischen einer klösterlichen föderalen Struktur und staatlichem Föderalismus. Denken wir nur an Europa und die EU. In der weltweiten Konföderation der Benediktiner verbinden uns drei wesentliche Gemeinsamkeiten über alle staatlichen und anderen Grenzen hinweg: die gemeinsame Mitte des Glaubens an Gott, die gemeinsame Regel und die gemeinsame Identität.

Wenn es um politischen Föderalismus geht, muss man sich mit trockener Staatsbürgerkunde beschäftigen. Für die Europäische Union gilt hier:

Lange Zeit konnte man bei der EWG und später EG von einem Staatenbund sprechen. Verträge wie die Montanunion von 1950 hatten sogar ein Ablaufdatum. Heute besitzt die EU neben einer Verwaltung auch feste Kompetenzen, die auf Basis der EU-Verträge vom Europäischen Gerichtshof überprüft werden. Obwohl die EU keine Verfassung im klassischen Sinne besitzt, gibt es Stimmen, die auch jetzt die EU schon als semi-föderale Einheit sehen. Es ist aber klar, dass die EU auf dem Weg ist, zu einer Organisation über den Staaten zu werden, die mehr ist als ein Staatenbund. Deshalb prägte das deutsche Bundesverfassungsgericht in seiner Entscheidung vom 12. Oktober 1993 den Begriff Staatenverbund als Bezeichnung für die EU. Diese Definition wird zumindest von deutschen Juristen gerne verwendet. Andere Wissenschaften stehen einem föderalen Verständnis der EU offener gegenüber.

Nach heutigem Verständnis der europäischen Föderalisten soll die EU eine eigene Verfassung erhalten, nach der die Verteilung der Zuständigkeiten zwischen Union und Nationalstaaten festzulegen ist. Damit gehen die Forderungen der europäischen Föderalisten über die derzeitige Struktur der EU als Staatenverbund hinaus, in der die Union zwar supranationale Souveränitätsrechte besitzt, diese aber jeweils nur durch zwischenstaatliche Verträge der einzelnen Mitgliedsstaaten geändert werden können. Durch die Errichtung eines europäischen Bundesstaates erwarten die europäischen Föderalisten eine weitere Demokratisierung der EU, da das Europäische Parlament darin gegenüber dem Europäischen Rat an Einfluss gewänne.

Wenn es eines Tages so beschlossen würde, wäre der Austritt Großbritanniens, der Brexit, möglicherweise überflüssig gewesen.

Die Griechenlandkrise, der Brexit und der Katalonien-Konflikt, in jüngster Zeit auch die Krise Italiens, haben den Streit über die Zukunft der EU und ihre politische Struktur sowie die der gemeinsamen Währung, des Euro, offengelegt.

Wie soll Europa künftig aussehen? Und wie geht es weiter mit der gemeinsamen Währung? Dazu gibt es zwei föderalistische Positionen.

Die eine ist ein deutscher Föderalismus, mit einer deutschen ordoliberalen Wirtschaftspolitik, ein Föderalismus, der auf Regeln basiert und die demokratische Kontrolle weitestmöglich begrenzt.

Echter Föderalismus ist jedoch anders. Der wichtigste Baustein eines wirklichen föderalen Systems ist nicht die vorherige Festlegung auf eine bestimmte Politik, sondern eine Festlegung auf einen demokratischen Entscheidungsprozess.

Zwei Wege zu wirklichem Föderalismus

In einem wirklichen föderalen System kann es sein, dass die gewählte Administration eine Politik betreibt, die gegen die Interessen des einen oder anderen Mitgliedslandes verstößt. Die zentrale politische Gewalt eines föderalistischen Sys- 161 tems ist das Parlament eines solchen Systems. Ein echtes föderales System hat seine eigene Gewaltentrennung. In seinen Entscheidungen ist es unabhängig von den Mitgliedsstaaten, unabhängig zum Beispiel von der deutschen Justiz.

Man könnte aus heutiger Sicht ein echtes föderales System auf zwei Weisen gestalten: Erstens innerhalb der EU auf Basis der existierenden Verträge. Dann wäre das Europäische Parlament das Zentrum der Macht, der Rat wäre eine Art Oberhaus oder Bundesrat, und die Europäische Kommission wäre die Regierung.

Die Alternative dazu wäre eine Euroföderation außerhalb der EU mit einem Europarlament, einem Eurofinanzminister, einer europäischen Haushaltspolitik, eigenem Steueraufkommen und der Möglichkeit, Ausgaben festzusetzen. Und natürlich auch mit der Möglichkeit, Schulden zu machen. Die Ausgabe von Eurobonds wäre in beiden Fällen hoheitliches Recht der Föderation. Die Mitgliedsstaaten müssten dann ihre Haushaltspolitik strikteren Regeln unterwerfen als bisher.

Dies entspräche der Euro-Vision des französischen Präsidenten Emmanuel Macron.

Im Gegensatz zur deutschen Version eines föderalen Systems wäre ein derartiges System symmetrisch. Es würde die im Euroraum vorherrschende Tendenz zu Ungleichgewichten zum Teil korrigieren, allerdings nicht perfekt, denn der Unabhängigkeit der föderalen Ebene stünde die Unabhängigkeit der Mitgliedsstaaten gegenüber.

Das Ende Deutschlands als souveräner Staat?

Aus ökonomischer Sicht würde ein solches System ohne Zweifel funktionieren. Hier wären Währungseinheit und Staat wieder vereint. So wie jedes Land in der Lage ist, eine eigene Währung zu managen, so kann es auch ein relativ bescheidener Föderalstaat, solange er die Instrumente dafür hat.

Das Bundesverfassungsgericht hat die Konsequenzen eines föderalen Europa in seinem Urteil durchaus richtig aufgefasst. Eine echte Föderation bedeutet das Ende von Deutschland als eigenständigem Staat. Nach deutschem Verfassungsrecht bedürfte sie eines formellen Transfers des hoheitlichen Rechts von der nationalstaatlichen auf die föderale Ebene. Es ist der einzige Akt, bei dem ein Referendum nicht nur erlaubt, sondern zwingend notwendig ist, denn Deutschland schaffte sich damit ab – nicht als Land, aber als souveräner Staat.

Wir reden hier also nicht mehr von einer weiteren Ministufe in Richtung vereintes Europa durch einen neuen europäischen Vertrag, sondern über den zentralen Einigungsschritt überhaupt. Es gibt nur wenige Politiker bei uns, die diesen Schritt gehen wollen. Helmut Kohl war kein Föderalist in diesem Sinne, Konrad Adenauer auch nicht, und bei der SPD findet man sie erst recht nicht. Die einzigen echten Föderalisten, die ich kenne, sind die Liberalen und die Grünen im Europäischen Parlament. Und hier ist es nicht immer einfach zu entscheiden, ob diese Föderalisten tatsächlich daran glauben oder einfach nur ihre eigene Macht und ihren Einfluss vergrößern wollen.

Europa braucht vielleicht eine konstruktive Krise

Hat dieser Föderalismus eine Chance? Staaten entstehen oft als Antwort auf Krisen. Ohne die Krise des Kommunismus hätte die deutsche Wiedervereinigung nicht stattfinden können. Die Eurokrise gehört nicht in die gleiche Kategorie, denn sie wurde im Norden grundlegend anders wahrgenommen als im Süden. Die Eurokrise war eine entzweiende Krise. Was Europa bräuchte, das ist eine vereinigende, eine konstruktive Krise.

Die gute Nachricht für die Föderalisten: Eine solche Krise wird vielleicht irgendwann einmal kommen. Denn viele europäische Nationalstaaten sind immer weniger in der Lage, die Probleme ihrer Bürger zu lösen, gerade auf wirtschaftlicher

Ebene. Und gleichzeitig zwingt sie der globale Wettbewerb zu gemeinsamem Handeln auf wirtschaftlichen und fiskalischen Feldern.

Die Vision eines föderalen Europa

Es kann bei einer solchen Vision nicht um althergebrachte Kleinstaaterei gehen, noch kann man das Rad der Geschichte zurückdrehen.

Das Unbehagen über die Entwicklung der EU in den vergangenen zwei Jahrzehnten beruht jedoch vor allem im zunehmenden Zentralismus, der beispielsweise zum Austritt Großbritanniens geführt hat. Die zweite große Baustelle ist das Nord-Süd-Gefälle, das vor allem in Griechenland, Italien und Spanien zu permanenten wirtschaftlichen Problemen wie chronischer Staatsüberschuldung führt.

Die Lösung kann also nicht in noch mehr Zentralismus liegen, sondern vielmehr in mehr regionaler Selbstständigkeit und Eigenverantwortung. Wer lernt, wieder mehr auf seine eigenen Stärken zu vertrauen, wird auch in einem größeren Staatenbund wieder eine selbstbewusste Rolle spielen.

Föderalismus bedeutet die größtmögliche Autonomie ihrer Mitglieder und gleichzeitig die enge, mitverantwortliche Kooperation bei übergeordneten Zielen und Strategien.

Der vielzitierte Begriff der Subsidiarität kommt aus dem Lateinischen (subsidium: »Hilfe«, »Unterstützung«) und bedeutet kurzgefasst: Selbstbestimmung und Eigenverantwortung. Er steht für ein politisches, wirtschaftliches und gesellschaftliches Prinzip, das die Entfaltung der Fähigkeiten des Einzelnen, der Familie oder einer Gemeinschaft anstrebt. Ergo: Mehr Freiheit.

Im *Subsidiaritätsprinzip* wird festgelegt, welche Aufgaben der Staat oder die Gesellschaft erfüllt und welche Aufgaben in welcher Rangfolge nachrangig zu erfüllen sind. Dabei gilt als Maxime: Jeder soll das tun, was er am besten kann. Die jeweils größere gesellschaftliche oder staatliche Einheit soll nur dann, wenn die kleinere Einheit dazu nicht in der Lage ist, aktiv werden und regulierend, kontrollierend oder helfend eingreifen. Hilfe zur Selbsthilfe soll aber immer das oberste Handlungsprinzip der jeweils übergeordneten Instanz sein.

Aufgaben, Handlungen und Problemlösungen sollten so weit wie möglich vom Einzelnen, von der kleinsten Gruppe oder der untersten Ebene einer Organisationsform unternommen werden. Nur wenn dies nicht möglich, mit erheblichen Hürden und Problemen verbunden oder

der Mehrwert einer Zusammenarbeit offensichtlich ist und diese eine allgemeine Zustimmung
erfährt, sollen sukzessive größere Gruppen, öffentliche Kollektive oder höhere Ebenen einer
Organisationsform subsidiär, das heißt unter-
stützend, eingreifen. Das sind meist nach den
unstrittigen, privaten Zwischenebenen (Familie
oder Haushaltsgemeinschaft, das weitere persönliche Umfeld und andere private Gemeinschaften)
territoriale, öffentliche Kollektive wie Gemeinden, Städte, Landkreise, Länder, Staaten und zuletzt Staatengemeinschaften und supranationale
Organisationen.

Das Subsidiaritätsprinzip ist ein wichtiges
Konzept und die bewährte Praxis für föderale
Staaten wie die Bundesrepublik Deutschland
oder die Schweizerische Eidgenossenschaft sowie föderale Staatengemeinschaften wie die Europäische Union. Es ist auch zentrales Element
des ordnungspolitischen Konzepts der sozialen
Marktwirtschaft.

Ein Prinzip mit Tradition

Die Subsidiarität hat ihre Wurzeln sowohl in der
damaligen Kirche wie im Liberalismus. Sie soll,
historisch begründet, eine zu starke Macht sowohl der Kirche wie auch des Staates zurückdrän-

gen. So spielt sie bis heute eine wichtige Rolle in unserem politischen Alltag.

Philosophen, Gesellschaftswissenschaftler und Geistliche haben sich damit beschäftigt. So wird zum Beispiel dem Jesuitenpater Oswald von Nell-Breuning die Aussage zugeschrieben, dass »dasjenige, was der Einzelmensch [...] mit seinen eigenen Kräften leisten kann, ihm nicht entzogen und der Gesellschaftstätigkeit zugewiesen werden darf«.

Das Menschenbild der Eigenverantwortung

Hinter dem Subsidiaritätsprinzip steht, gerade im liberalen Denken, auch ein klares Menschenbild: das des eigenverantwortlichen Individuums. Daraus folgt die Idee eines auf Freiwilligkeit und Eigenverantwortung gegründeten Gemeinwesens und Sicherungssystems. In Deutschland hat das Subsidiaritätsprinzip nach dem Ende des Zweiten Weltkriegs in der Programmatik christlicher Parteien vor allem auf dem Gebiet der Sozial- und Bildungspolitik eine wichtige Rolle gespielt, es hat sich aber nicht vollständig als allgemeingültiges rechtliches Prinzip durchgesetzt.

Es gibt dem Staat noch viele Möglichkeiten, nachgeordnete Aufgaben zu delegieren und den Freiheitsraum der Bürger zu vergrößern.

Hier zwei Beispiele für subsidiäres Handeln:

Erstes Beispiel: Wenn der Einzelne weder allein noch mit seiner Familie seine Ausbildung finanzieren oder seinen Lebensunterhalt sichern kann, unterstützt ihn der deutsche Sozialstaat mit Transferleistungen wie BaföG- oder Hartz-IV-Zahlungen.

Zweites Beispiel, aus der Europäischen Gemeinschaft: Bürgernähe ist gefragt, unnötiger Zentralismus ist nicht gefragt – nach dem Art. 36 aus dem EG-Vertrag darf die Europäische Gemeinschaft nur tätig werden, wenn dies die Aufgabe erforderlich macht und sie durch die EU-Mitgliedsstaaten dazu ermächtigt wird. Das betrifft zum Beispiel das Thema Schutz der Fischbestände in der Nordsee. Auch hier lautet das Prinzip: »Vergemeinschaftung nur soweit wie nötig« – eine der vielen aktuellen Übersetzungen des Subsidiaritätsprinzips.

Wenn wir über die Grenzen unseres im Weltmaßstab kleinen Landes hinausblicken: Welche Visionen haben eigentlich die anderen globalen Spieler: China, die EU und die USA?

China – die neue Weltmacht

China, die größte Nation der Erde mit 1,4 Milliarden Menschen, ist zugleich die am schnellsten wachsende Wirtschaftsmacht. China produziert immer mehr Überschüsse für den Weltmarkt und trifft dabei frontal auf die USA und den »alten« Exportweltmeister Deutschland.

Unter der zentralen Führung einer kommunistischen Einheitspartei verfolgt der große asiatische Staat längst eine liberale, auf Expansion ausgelegte Wirtschaftspolitik.

Damit strebt das »Reich der Mittel« (Süddeutsche Zeitung) ganz unverhohlen eine Hegemonie nicht nur bei billigen Konsumgütern an, sondern auch in den Hochtechnologiemärkten Informatik, Telekommunikation und Mobilität.

Mit Hilfe ihrer gelenkten Staatsbank, die nahezu unbegrenzt Finanzmittel bereitstellt, greifen chinesische Investoren immer offener und stärker auf ausländische Märkte über. Dort vor allem auf die Filetstücke der High-Tech-Industrie: Die chinesischen Firmenkäufe haben sich in Deutschland in diesem Jahrzehnt verzehnfacht. Und die Strategie und Vision ist klar erkennbar: China will, ja muss aus eigenem Überlebenswillen bis 2030 der weltweit führende Anbieter von Informationstechnologie und Elektro-Mobilität werden.

Für dieses Ziel ist China bereit, sich immer höher zu verschulden. Im Jahr 2018 beträgt die Staatsverschuldung Chinas geschätzt rund 51,2 Prozent des Bruttoinlandsprodukts. Die Angaben beziehen sich auf den Gesamtstaat und beinhalten die Schulden des Zentralstaats, der Länder, der Gemeinden und Kommunen sowie der Sozialversicherungen. Damit hat China etwa die Hälfte der Staatsverschuldung der USA erreicht (die zu großen Teilen durch US-Anlagen gedeckt ist) und mehr als zwei Drittel der Staatsverschuldung der Bundesrepublik Deutschland. Hier wird die Vernetzung der globalen Kapitalströme und wirtschaftlichen Abhängigkeiten besonders deutlich.

Kein Staat, Nordkorea ausgenommen, wird zentralistischer gelenkt als China. Sein Führer, Li Jin Ping, hat sich im Januar 2018 von der kommunistischen Einheitspartei zum Staatschef auf Lebenszeit ernennen lassen. Ein Privileg, das es seit der Zeit des Staatsgründers Mao Tse Dung nicht mehr gab. Ein Relikt aus vergangener Zeit. Aber es zeigt auch den Willen des Riesenreiches, auf allen Gebieten zur Nr. 1 aufzusteigen, sowie die Entschlossenheit, alles zu reglementieren und zu kontrollieren, vor allem die Informationstechnologie und das Internet.

Die persönliche Freiheit wird ständig weiter eingeschränkt und den staatlichen Zielen untergeordnet. Jeder Bürger Chinas wird permanent nach zahlreichen Kriterien in seinem sozialen Verhalten und seiner »Zuverlässigkeit« bewertet. Danach richten sich seine Ausbildungsmöglichkeiten und seine beruflichen Karrierechancen.

Um die wirtschaftlichen Ziele abzusichern, haben sich chinesische Unternehmen längst ein Quasi-Monopol auf die Rohstoffe und die Produktion der Batterien gesichert, mit denen sie den Weltmarkt beliefern – und beherrschen. Der technologische Vorsprung der in China hergestellten Batteriezellen für Elektroautos und viele weitere Anwendungen ist inzwischen so groß, dass Hersteller wie Bosch ihre eigenen Entwicklungen eingestellt haben. Ein chinesischer Staatskonzern wird dafür in Thüringen eine Fabrik bauen, um Kunden wie BMW und Mercedes-Benz zu beliefern.

Ein weiteres Beispiel für chinesisches Hegemoniestreben sind Smartphones und mobile Computer samt Software und Kommunikationsnetze: Weil Apple (USA), das fast ausschließlich in China produzieren lässt, die Marktpositionen für seine hochpreisigen Geräte auf den Weltmärkten immer mehr verliert, drängen chinesische Marken wie Huawei mit preislich günstigeren, technisch kaum weniger anspruchsvollen Produkten von unten nach oben und die Amerikaner mehr und mehr aus dem ertragreichen Geschäft.

Die Eroberung der Märkte durch chinesische Unternehmen zeigt neben wirtschaftlichen Folgen noch eine andere Begleiterscheinung auf, die mit unseren westlichen Werten der Meinungsfreiheit in Konflikt gerät. Beispiel Daimler-Benz und die Beteiligung des Investors Li Shutu (Geely, Volvo) mit zehn Prozent am Stuttgarter Mobilitätskonzern: Kaum wurde der Milliardendeal publik, wurde ein Zitat des Dalai Lama auf dem Instagram-Kanal des Konzerns gelöscht. Es lautete: »*Schau dir eine Situation von allen Blickwinkeln aus an, und du wirst offener.*«

Ein weiser Spruch, aber nach Meinung der staatlichen Zensoren vom falschen Propheten: Der Dalai Lama gilt der Führung in Peking als ein »Wolf in Mönchsrobe«.

Ein weiterer Versuch, die Hegemonie über andere Staaten zu erlangen, besteht im neuen Konzept der »Seidenstraße«. Die Partnerstaaten bis hin zu Kasachstan und Sri Lanka werden an- **173** gehalten, einen Vertrag zu unterschreiben, der sie langfristig in die Abhängigkeit von China treibt.

Die USA – von Schulden erdrückt

Die nach wie vor größte Volkswirtschaft der Welt, die Vereinigten Staaten von Amerika mit 325 Millionen Menschen, hat unter ihrer derzeitigen Führung zwar keine Vision, jedoch eine Art Staatsdoktrin: America first!

Protektionismus also, der für den Rest der Welt, der mit den USA Handel treibt und finanziell verknüpft ist, wie eine Kriegserklärung mit wirtschaftlichen Waffen klingt. Dabei ist längst nachgewiesen, dass Protektionismus, also wirtschaftliche Abschottung, mittel- und langfristig allen Beteiligten schadet, vor allem aber dem Urheber dieser Politik, also den USA selbst.

Die Gründe für den wirtschaftlichen Niedergang der USA in den vergangenen zwanzig Jahren sind der Einbruch bei Schlüsselindustrien wie Energie und Stahl, aber auch in der weiterverarbeitenden Industrie, die vom Hochlohnland in die billig produzierenden Staaten Asiens und Südamerikas ausgelagert wurden oder einfach abgewandert sind. Dann die Kriege im Mittleren Osten, 1991 in Kuwait und von 2003 bis 2011 im Irak, bis heute in Afghanistan, die überwiegend von den USA geführt und finanziert wurden, die aber den Staatshaushalt überfordert haben.

Die Folgen waren die von Börsenspekulationen getriebene und von geplatzten Immobiliengeschäften ausgelöste Finanzkrise 2008 und eine bis heute nahezu unvorstellbare Staatsverschuldung von mehr als 20 Billionen US-Dollar. Die Summe entspricht dem 400-Fachen des Haushalts der Bundesrepublik Deutschland im Jahr 2017.

Ein Drittel der Staatsschulden der USA sind Auslandsschulden, vor allem in China – 1,3 Billionen Dollar – und in Japan – 1,2 Billionen Dollar.

Beide Länder, die mit den USA auch im direkten Wettbewerb stehen, finanzieren mit ihren Krediten, so absurd es klingen mag, ihren größten Absatzmarkt quasi auf Pump. Denn die Party muss weitergehen.

In dieses globale Geflecht von Märkten und Geldströmen und von gegenseitigen Abhängigkeiten platzte die US-Regierung unter Präsident Trump mit der »America first«-Politik und einer Steuerreform, die Unternehmen, die in den USA produzieren, im internationalen Vergleich bevorzugt und Importe durch höhere Zölle benachteiligt.

Nun ist es das gute Recht jedes souveränen Staates, die eigene Wirtschaft zu schützen und Arbeitsplätze zu schaffen, indem den im Land produzierenden Unternehmen Steuervorteile eingeräumt werden.

Andererseits führt diese protektionistische Politik zu Verschiebungen unter den Handelspartnern und vor allem zu einem Wettbewerbsschutz der einheimischen Unternehmen, die sich im globalen Wettbewerb nicht mehr unter allen Umständen bewähren müssen. Damit fehlt ein wichtiges Kriterium der Wirtschaft, die davon angetrieben wird, dass das Bessere des Guten Feind ist. Automobile aus den USA beispielsweise, die sich heute bereits auf dem Weltmarkt nur in geringen Zahlen absetzen lassen, wären betroffen. Derzeit größter Exporteur aus den USA ist übrigens BMW mit seinem Werk in Spartanburg, South Carolina.

Ob sich diese Politik zu Lasten anderer Länder durchsetzt und hilft, das Zahlungsbilanzdefizit der USA zu reduzieren und die Verschuldung langfristig abzubauen, wird sich zeigen, jedoch nicht kurz- und mittelfristig, denn ausländische Investitionen kommen nicht kurzfristig ins Land. Vor 2020 rechnen Wirtschaftsexperten nicht mit nachhaltigen Effekten auf den Haushalt der USA. Andere Experten sehen eher die Gefahr der Isolation im Welthandel mit allen negativen Folgen.

Geht das Experiment schief, wären vor allem 40 bis 50 Millionen Amerikaner in den unteren Einkommensschichten die Leidtragenden, denn das Staatsbudget müsste vor allem im sozialen Bereich deutlich gekürzt werden.

So hat im Juni 2018 der US-Wohnungsbau-
minister Ben Carson bereits angekündigt, die
Mieten für Sozialwohnungen um 20 Prozent zu
erhöhen. Dies würde viele der Mieter, die sich
nur mit Zweit- und Drittjobs über Wasser halten
können, in die Obdachlosigkeit treiben. Es wäre,
so Donald Cameron, Chef der Wohnbehörde in
Charleston, South Carolina, »eine Katastrophe
für die Ärmsten«.

Bis zur oder auch mit der nächsten Präsident-
schaftswahl im Jahr 2021 kann sich die politische
Landschaft in den USA von Wahl zu Wahl wieder
ändern. Die unsoziale und spekulative Politik eines Präsidenten Trump wäre damit möglicherweise wieder obsolet.

Die Euro-Vision

Die EU (Europäische Union) wurde 1951 als
Montanunion der Länder Belgien, Deutschland,
Frankreich, Luxemburg und Niederlande gegründet, 1957 mit dem Beitritt Italiens und den Römischen Verträgen in EWG – Europäische Wirt-
schaftsgemeinschaft – umbenannt und heißt seit
den Verträgen von Maastricht 1992 EU. Gegenüber den Vereinten Nationen (UN) ist die EU zwar
keine Nation, jedoch eine eigenständige Rechts-
persönlichkeit. Seit dem Schengener Abkommen

von 1985 herrscht innerhalb der EU Freizügigkeit mit offenen Grenzen.

Im Jahr 2017 lebten in den derzeit 28 Staaten des Verbundes 512 Millionen Menschen. Der mit der Einführung des Euro 2001 gegründeten Wirtschafts- und Währungsunion gehören aktuell 19 EU-Staaten an. Gemessen am Bruttosozialprodukt aller Mitgliedsländer ist der EU-Binnenmarkt der größte gemeinsame Wirtschaftsraum der Erde.

Ihrem Gründungszweck und -wesen nach war und ist die EU in erster Linie ein Staatenverbund, der gemeinsame wirtschaftliche Ziele verfolgt.

Der französische Staatspräsident Emmanuel Macron verfolgt mit seiner »Initiative für Europa« jetzt weit darüber hinaus gehende Ziele für ein neues Europa. Diese Ziele sind weniger auf die wirtschaftliche Wettbewerbsfähigkeit der EU im globalen Maßstab gerichtet als auf die Integration der Mitgliedsstaaten. Wobei die zentralistischen Tendenzen nach französischer Tradition durchaus durchscheinen.

Macron will nicht nur Frankreich reformieren, sondern auch gleich die ganze EU umbauen. In seiner Grundsatzrede zu Beginn seiner Amtszeit im Juli 2017 finden sich einige bedenkenswerte Vorschläge wie die Verkleinerung der EU-Kommission auf 15 Mitglieder; die Einführung transnationaler Listen für die Europawahl und sogar die Andeutung, die ineffiziente EU-Agrarpolitik zu reformieren.

Aus ordnungspolitischer Sicht finden sich jedoch gewichtigere und eher bedenkliche Ideen in den Bereichen Fiskalunion und Sozialunion.

Der französische Bauplan für die künftige EU folgte schon immer der Philosophie der »Planification«, der politischen Lenkung und Vereinheitlichung. Ludwig Erhard warnte bereits 1962: »Man kann nicht auf der einen Seite Wettbewerb und auf der anderen Seite ... Planifikation haben wollen.« Auch Macron will keine »concurrence«, sondern »convergence«; er will Integration »von oben«, durch politische Harmonisierung und nicht »von unten«, durch marktwirtschaftliche Entwicklung.

Für die Fiskalunion heißt das konkret: In der Eurozone soll es ein gemeinsames Eurozonenbudget geben, das deutlich größer sein muss als das gegenwärtige EU-Budget und aus gemeinsamen, harmonisierten EU-Unternehmenssteuern gespeist werden soll. Dazu kommt ein Euro-Finanzminister, der gemeinsam mit der Mehrheit eines Eurozonen-Parlaments über die Verwendung (vielleicht sogar Erhebung) dieser EU-Steuergelder entscheidet. Zu einer Vergemeinschaftung der Staatsschulden (»Eurobonds«) oder einem Europäischen Währungsfonds (EWF), der nicht mehr (wie der ESM) einstimmig und u. a. erst nach Beschlussfassung des Bundestags Mittel freigeben würde, hat sich Macron – wohl aus Rücksicht auf die deutsche Regierungsbildung –, noch zurückgehalten. Er wird sich aber entsprechenden Plänen aus der EU-Kommission sicher nicht verwehren.

Zwar spricht man auch in Berlin von »Fiskalunion«, »EU-Finanzminister« oder »EWF«, meint damit aber etwas grundsätzlich anderes: Tatsächlich will man mit diesen Instrumenten für alle verbindliche Regeln durchsetzen, und dies in einem möglichst entpolitisierten Verfahren. Gemeinsame Regeln statt gemeinsame Haftung; ordnungspolitische Wirtschaftsverfassung statt interventionspolitische Wirtschaftsregierung – das ist das Kontrastprogramm, das noch von Ex-minister Schäuble entworfen wurde.

Macrons Pläne für die Sozialunion sehen vor, die Vielfalt und den Wettbewerb der europäischen Sozialmodelle so weit wie möglich einzuschränken und auf französisches Niveau zu »heben«. Der französische Präsident fordert etwa die Einführung und Angleichung von Mindestlöhnen in der ganzen EU. In Frankreich lag der Mindestlohn im Jahr 2017 bei 11,55 Euro, in Deutschland bei 8,80 Euro. Auch das Niveau der Sozialabgaben soll steigen; als Belohnung soll es für ärmere Länder Mittel aus einem »Solidaritätsfonds« geben. Ländern, deren Unternehmenssteuern unterhalb eines EU-weiten Korridors liegen, soll dagegen als Bestrafung der Zugang zu EU-Kohäsionsfonds entzogen werden. Das kann man beschönigend »Harmonisierung« nennen. Der ökonomisch passende Begriff ist indes: »raising rivals' costs« – der durchsichtige Versuch, Konkurrenten Wettbewerbsvorteile im europäischen Standortwettbewerb zu nehmen.

Mit dem Versuch, die ganze EU dem schon in Europa nicht wettbewerbsfähigen französischen Sozialmodell anzugleichen, würde man wohl die europäischen Volkswirtschaften im globalen Wettbewerb insgesamt schwächen. Steuern, Sozialabgaben und (Mindest-)Löhne sind ebenso wie Staatsausgaben und Staatsschulden entscheidende wirtschaftspolitische Variablen, mit denen die Politik die Volkswirtschaft ordnet. Und dies bisher in demokratisch legitimierter, weitgehend nationalstaatlicher Eigenverantwortung. Das fundamental zu ändern, würde eine weitreichende Änderung der Europäischen Verträge erfordern; was man wiederum als visionär preisen oder als politisch naiv abtun kann.

Gleichzeitig kann man Macrons »Initiative für Europa« als »Entlastung für Frankreich« gut nachvollziehen. Er hat derzeit wie kaum ein anderer seiner Vorgänger die Chance, Frankreichs Wirtschaft und Gesellschaft zu reformieren. Macron braucht dafür aber die Rückendeckung aus Berlin und Brüssel – gerade in den Bereichen

Transfer- und Sozialunion. Man hört in Paris häufig: »Wenn Macron scheitert, dann kommen in drei Jahren Marine Le Pen oder Jean-Luc Mélenchon an die Macht«, also die extreme Rechte oder die extreme Linke. Dann wäre in der Tat das offene und marktwirtschaftliche Europa im Kern gefährdet.

Macrons Europa-Vision ist als Diskussionsgrundlage von einigen Mitgliedsstaaten, wie Belgien, den Niederlanden und Spanien, positiv aufgenommen worden, von anderen, wie Deutschland, noch zurückhaltend. Das mag am längeren Regierungsvakuum in Berlin gelegen haben. Bundeskanzlerin Angela Merkel hat in ihrem EU-Plan, der allerdings von Regierung und Parlament noch nicht diskutiert wurde, einige Ideen Macrons zwar aufgegriffen, jedoch am Knackpunkt der Euro-Reformen den kleinsten gemeinsamen Nenner gewählt, wenn es um die heiklen Fragen einer Haftungsunion geht. Hierzu soll nach Merkels Vorstellung ein Europäischer Währungsfonds nach dem Prinzip Kredit gegen Reformen eingerichtet werden. Macron möchte dagegen einen gemeinsamen Haushalt für die Währungsunion. Paris und Berlin liegen da noch weit auseinander.

Andererseits ist in einer Zeit, in der in Europa viel über mehr Rechte für Regionen wie Katalonien und Wallonien und mehr Subsidiarität statt

»Harmonisierung« diskutiert wird, die Begeisterung für mehr Europa nicht gerade überbordend.

Nun gilt es auszuloten, wie man Macron im politischen Wettbewerb helfen kann, ohne der EU im globalen Wettbewerb zu schaden. In Zeiten, in denen Europa mit einem klaren Profil gegen die USA und China antreten muss, ist politische Klugheit dringend gefragt.

Wladimirs Vision

Russland, in seiner heutigen Gestalt 1991 aus der Sowjetunion hervorgegangen, ist mit 17 Millionen km² das flächenmäßig größte Land der Erde, mit 147 Millionen Menschen der bevölkerungsärmste unter den vier großen Wirtschaftsblöcken. Der Reichtum des Landes sind seine Rohstoffe, die zum größten Teil noch unter dem sibirischen Permafrost liegen.

Geführt wird das riesige Land seit 2012 (vorher bereits von 2000 bis 2008) als »gelenkte Demokratie« mehr oder weniger autokratisch von Wladimir Wladimirowitsch Putin, einem früheren Geheimdienstoffizier. Für Putin ist Russlands imperiale Geschichte noch lange nicht zu Ende. Er macht kein Geheimnis daraus, dass Russland überall ist, wo Russen sind. Der Westen sollte – spätestens seit der kalten Übernahme der Krim –

wissen, was das bedeutet: die Vision der eurasischen Weltmacht.

Russland, ob Kreml oder Kaserne, hat ein langes Gedächtnis, länger als die amerikanische Republik. Die war noch englische Kolonie, als der Zarenstaat längst begonnen hatte, im aufsteigenden europäischen Mächtekonzert mitzuspielen.

Wer heute nach der Zukunft fragt, die Russland nach dem Kalten Krieg und im Kalten Nachkrieg der Gegenwart für sich in Europa sucht – und noch lange nicht gefunden hat –, der tut gut daran, sich als Pflichtprogramm die sehr unterschiedlichen, mitunter widersprüchlichen Skripte dieser Rolle zu vergegenwärtigen. Sie sind samt und sonders aufgehoben in der Gegenwart.

Wer heute durch die Schatzkammern des Kreml streift, lernt etwas über Diplomatie. Nicht allein durch die Zeugnisse westlicher Gesandter, die vor dem Zaren das Knie beugten, sondern auch in Gestalt jenes Silbergeräts, das ganz Europa in Augsburg erwarb, um es später demutsvoll dem Herrscher aller Reußen zu verehren und ihn zu gewinnen für Allianzen und Gegenallianzen.

Nirgendwo sonst haben sich diplomatische Geschenke in gleicher Pracht und Fülle erhalten wie im Kreml. Das Zarensilber diente weniger praktischem Gebrauch, sondern war da, um da zu sein: Zeichen der Würde, Symbol der Macht und notfalls Währungsreserve, die man einschmelzen oder verkaufen konnte. Was übrig blieb, ist immer noch genug, an Russlands wechselvolles Ringen um Vormacht und Sicherheit zu erinnern.

Das begann, während Frankreich und England, Spanien und die Niederlande um Hegemonie und Gleichgewicht kämpften, und brachte Russland die Ukraine. Europäischen Rang aber erwarb Russland mit dem Großen Nordischen Krieg, Parallelaktion zum Spanischen Erbfolgekrieg. Peter der Große gewann das Imperium Maris Baltici, das heute die drei baltischen Staaten Estland, Lettland und Litauen umfasst: Die Macht lag beim Zaren, Gutsbesitz, Gewerbe und Geschäfte aber bei dessen deutsch-baltischen Untertanen.

Die nächste Rangstufe erlangte Russland nach dem Siebenjährigen Krieg – ein Weltkrieg außer im Namen – als Garantiemacht des Hubertusburger Friedens 1763. Dieser Vertrag etablierte fünf europäische Großmächte und war eine Gründungsurkunde des europäischen Mächtekonzerts: Nichts sollte seitdem gegen die Interessen Russlands stattfinden.

Die polnischen Teilungen bewiesen, dass es sich nicht um leere Worte handelte. Russlands Machtprojektion reichte seitdem tief nach Europa. 1783 entrissen die Russen den Türken die Krim und näherten sich dem Mittelmeer.

In der napoleonischen Epoche tauchten russische Soldaten in Mitteleuropa auf und verdeutlichten den Anspruch des Zaren, nicht zu kurz zu kommen bei der großen Flurbereinigung. Als 1806 Preußen nahezu annulliert wurde, fantasierten Zar Alexander und der französische Kaiser über die Aufteilung der Welt – Condominium ohne England und, wie sich 1812 erwies, auch ohne Dauer.

Die Grande Armée wurde Opfer des napoleonischen Größenwahns und des russischen Winters. Im Gegenzug marschierten die Russen quer durch Deutschland und kampierten mitten in Paris auf dem Montmartre. Europas Kernproblem war es damals, sie wieder loszuwerden. Um den russischen Bären zum Rückzug zu bewegen, wurde ihm die polnische Gans für unterwegs eingepackt. Die Heilige Allianz bedeutete fortan wechselseitige Garantie des Status quo.

Seitdem lebte Europa »sous l'oeil des Russes« – unter den Augen der Russen. Das war keine leere Drohung, Sachsen-Weimar etwa musste unter dem Druck des Zaren die Verfassung zurücknehmen. Gegen den »Völkerfrühling« von 1848/49, die nationale Einigungspolitik Preußens, mobilisierten die Russen und drohten mit Krieg.

Erst die Niederlage im Krimkrieg 1853/56 beendete die Liste der imperialen Triumphe. Der Zar, der das Protektorat über die Christen im Osmanischen Reich namens der Orthodoxie verlangt hatte, traf auf das Veto der Briten, und die meinten Krieg: Es ging um den Seeweg nach Indien und den Khyberpass in Zentralasien.

Allein Preußen gab diplomatische Unterstützung – der Zar revanchierte sich 1866 und 1870/71 durch Stillhalten, als Preußen siegte. Seitdem aber ging es zwischen dem Deutschen Reich und Russland um das Erbe der Donaumonarchie – fast ungebremst in den Großen Krieg von 1914, der dem Zarenstaat zum Desaster wurde, eingeschlossen Revolution, Bürgerkrieg und Zerfall.

Russland ist heute stärker, als es aussieht.

Aber Russland ist nie so schwach, wie es aussieht, und nie so stark. Zwar gingen vor 100 Jahren Finnland und die baltischen Staaten verloren, aber die Kommunisten waren gewiss, über kurz oder lang durch ihre revolutionär-konventionelle Doppelstrategie alles verlorene Land zurückzugewinnen, und Deutschland dazu.

Stalin wollte die westlich-kapitalistischen Staaten einander zerfleischen sehen und dann, zuletzt und entscheidend, eingreifen. Dem diente der Pakt mit Hitler. Stattdessen brachte das »Unternehmen Barbarossa« die Sowjetunion an den Rand des Zusammenbruchs und Deutschland in die Katastrophe.

Die deutsche Teilung war zwischen den Alliierten geplant, nicht aber die Weltteilung, die daraus entstehen sollte zwischen dem russischen Landimperium und der amerikanischen Seemacht.

Letztere setzte in den 50er Jahren, als die USA allein über eine Nuklearmacht verfügten, ihre technische Überlegenheit zu Wasser und in der Luft zur Verweigerung russischer Vorherrschaft durch strategisches Gleichgewicht ein: Anders als in den 1920er Jahren boten die USA dem russischen Machtstreben Schach und zeigten durch Marshallplan und Nordatlantikpakt, dass sie in Europa waren, um zu bleiben.

So entstand in der kurzen Phase amerikanischer nuklearer Überlegenheit 1949 der westliche Abwehrbogen. Wechselseitige Abschreckung ermöglichte den langen nuklearen Frieden seitdem.

Mit der Epochenwende 1989/90 aber verlor die bipolare Machtgeometrie ihre Geltung. Es fehlten Kraft und Vision, um die »neue Weltordnung« zu gründen, die der ältere Präsident Bush 1990 verkündete. Statt neues Gleichgewicht zu suchen, bewegte der Westen seine Grenzpfähle bis an die Grenzen Russlands.

Wenn das völkerrechtlich nicht verboten war, so war es doch politisch gewagt. Damals schrieb Zbigniew Brzezinski, der viel zitierte US-Sicherheitsberater, mit der Ukraine sei Russland wieder Imperium, ohne Ukraine aber nicht.

Einer, der die Doppeldeutigkeit dieser Lage verstand, war der künftige starke Mann, Wladimir Putin. Der Westen aber, die EU zuerst, überhörte die Warnung. Jetzt schaut Russland auf die Trümmer der Vergangenheit, setzt sie neu zusammen und prüft, was für die Zukunft taugt.

Marx und Lenin sind vorbei. Aber was ist mit dem Rest? Für Putin ist Russlands Geschichte noch lange nicht zu Ende, die eurasische Weltmacht ein unwiderstehliches Versprechen. Er macht kein Geheimnis daraus, dass Russland überall ist, wo Russen sind.

Der Westen sollte wissen, was damit gemeint ist.

Als Papst Franziskus gewählt wurde, riefen viele in unserem Land: Wir brauchen neue Strukturen. Ich fragte mich: Welche? In welche Richtung sollen neue Strukturen weisen? Vor allem: Was bringen neue Strukturen, wenn sie nicht mit Leben erfüllt werden? Haben Strukturen jemals Leben hervorgebracht? Braucht es nicht zuerst eine lebendige Kirche, bevor wir ihr neue Strukturen geben? Als Gerüst, damit das Neue tragfähig wird?

Neue Strukturen oder neues Denken?

Die Zusammenlegung der Pfarreien, wie sie in den letzten Jahren erfolgt ist, hat wohl verschiedene Verwaltungsbereiche vereinfacht, aber ist damit die Seelsorge, das eigentliche Anliegen, verbessert worden? Die Pfarrer sind überlastet. Die Gläubigen bleiben noch mehr den Gottesdiensten fern. Die Kirche muss im Dorf bleiben, hat man früher gesagt, und das stimmt auch heute.

Seelsorge setzt die Begegnung von Mensch zu Mensch voraus. Ein Seelsorger braucht Zeit, um Menschen anzuhören, ihre Nöte und Sorgen. Er muss das Leben mit den anderen teilen. In ihm müssen sie bei Trauerfällen einen verständigen

Ansprechpartner finden. Gespräche vor Trauungen und Taufen sind Möglichkeiten, den Menschen in seiner Existenz anzusprechen. Völlig vergessen wird auch die geistliche Führung. Viele weichen heute auf einen Therapeuten aus. Der Seelsorger kann den Psychotherapeuten nicht ersetzen, aber er kann die geistliche Dimension im Leben der Menschen aufzeigen. Der »Geistliche« muss frei sein für das »Geistliche« im Menschen, zumal in unserer Zeit so viele Menschen nach Spiritualität suchen.

Wie aber soll das noch in einem Pfarreienverbund möglich sein? Seelsorge ist nicht die Aufgabe eines Priesters allein. Vieles wie Kranken- und Gefangenenbesuche geschieht bereits durch Laien. Es gilt außerdem das allgemeine Priestertum der Gläubigen. Ausgebildete Laien können Wortgottesdienste halten und vieles andere mehr. Als in den Dreißigerjahren auf unseren benediktinischen Missionsstationen in Tanzania ein großer Ansturm auf die Kirche erfolgte, haben unsere Mitbrüder Katecheten ausgebildet, die dann praktisch die Gemeinden im Alltag leiteten. Anders wäre es nicht gegangen.

Ähnliches könnte ich mir auch hierzulande vorstellen, und natürlich auch Katechetinnen. Damit wären die Priester frei für ihre eigentliche Aufgabe, die Verkündigung und die Spendung der Heilszeichen, der Sakramente. Im Norden von Haiti traf ich zwei Schwestern an, die angesichts des Priestermangels eine sehr große Pfarrei in den Bergen betreuten. Sie baten mich, am Wochenende mit einigen Basisgemeinden die Eucharistie zu feiern, nachdem sie selbst immer zu den Menschen zogen, Wortgottesdienste hielten und dabei die Kommunion austeilten. Ich war der erste Priester, den die Gemeinden seit vier Jahren gesehen hatten. Und doch mangelte es nicht an der Würde und Lebendigkeit der Feiern. Die Zusammenlegung von Pfarreien kann nicht das letzte Wort oder gar der Weisheit letzter Schluss sein.

Braucht es dazu einfach eine lange Zeit des Dahinwurstelns, bis viele Pfarrer einen Burn-out haben, gelingt vielleicht ein langsamer Wandel, oder brauchen wir eine Art Revolution?

Missionarisch können solche Pfarreien nicht mehr sein. Die Gläubigen sind zudem selbstbewusster geworden. Vielleicht braucht es die Herausforderung von Kirchenverantwortlichen. Oder wollen wir warten, bis uns das Wasser bis zum Halse steht? Tragen nicht auch Laien eine Mitverantwortung für die Kirche? Kann es ihnen gleichgültig sein, wie »die da oben« entscheiden, nur weil diese die Priester- oder Bischofsweihe haben?

In den USA haben jüngst mehr als 500 katholische Theologen, Erzieher, Mitglieder von Pfarreien und Laienführer in einem Statement den Rücktritt sämtlicher amerikanischen Bischöfe gefordert: »We are responsible for the house we live in, even if we did not build it ourselves. This is why we call on the U.S. Bishops to offer their resignations collectively, in recognition of the systemic nature of this evil« (Wir sind verantwortlich für das Haus, in dem wir leben, auch wenn wir es selbst nicht gebaut haben. Deshalb fordern wir die amerikanischen Bischöfe auf, gemeinsam zurückzutreten, in Anerkennung der systemischen Natur dieses Übels – gemeint ist der sexuelle Missbrauch von Kindern und Jugendlichen).

Das Volk steht hier nicht gegen seine Führer auf, müsste man im Sinne des Evangeliums sagen, sondern gegen seine Diener, die versagt haben.

Der heilige Benedikt verpflichtet den Abt, bei allen wichtigen Angelegenheiten sämtliche Brüder zusammenzurufen und sich mit ihnen zu beraten. Warum sind viele so beratungsscheu, wenn nicht gar beratungsresistent? »Tu nichts ohne Rat, dann brauchst du hinterher nichts zu bereuen.«

Diesem Rat scheint Papst Franziskus mehr zu folgen, als bei dem Ruf nach Reformen verlangt wird. Er hat nicht nur gleich zu Beginn seines Amtes den Rat der neun Kardinäle gegründet, sondern jetzt angesichts des weltweiten Missbrauchsskandals für Februar 2019 alle Vorsitzenden der Bischofskonferenzen einberufen, um mit ihnen über die Zukunft zu beraten. Er hat ferner **193** vor der Familiensynode eine Vorsynode gehalten und dafür die Meinungen der Gläubigen eingeholt. Aus der Synode soll ein Prozess werden. Es geht ihm darum, nicht nur die Bischöfe zusammenzurufen und einige Experten, sondern er möchte die gesamte Kirche in einen synodalen Prozess einbinden und den Primat des Papstes, die Kollegialität der Bischöfe und die Synodalität der Gesamtkirche zusammenführen. In der Apostolischen Konstitution »Episcopalis Communio« vom 15. September 2018 hat er die bisherigen Synodenanordnungen modifiziert. Wenige Tage später ist in Peking eine Übereinkunft zwischen China und dem Hl. Stuhl über die Besetzung von Bischofsstühlen unterzeichnet worden. Von den rund 100 Diözesen des Landes sind derzeit etwa 40 vakant. Auch hier möchte der Papst einen Durchbruch schaffen in der seit 1957 währenden Konfrontation zwischen der dortigen Regierung und dem Vatikan. Er greift dabei auf alte Gepflogenheiten zurück. Im frühmittelalterlichen Frankenreich setzte der König die Bischöfe ein – oder sie wurden vom Volk gewählt. Vom 13. Jahrhundert bis 1806 wählte das Domkapitel die Bischöfe, die dann vom Papst bestätigt wurden. Die heutige Praxis der Bischofsernennungen ist so alt nicht, wie sie scheint. Vielleicht tut sich nun auch etwas auf dieser Ebene.

Die Großkirchen beklagen, in Lateinamerika und in Afrika würden ihnen freikirchliche Gruppen die Gläubigen wegnehmen. Sie seien geradezu aggressiv. Kürzlich war ich in Togo und sah längs der Straßen unendlich viele Hinweisschilder zu solchen Gruppen: »Assemblée du Dieu«, »Assemblée du vraie Évangile«, »Temoins des derniers jours«, »L'évangile te fait riche«, usw., bis dann die Reihe der Moscheen begann. Bei der Durchfahrt durch eine kleinere Stadt zählte ich allein 16 Moscheen. Da stellte ich mir in der Tat die Frage, ob die Strukturen der europäischen Großkirchen wirklich auf Afrika passen. Sind sie nicht ein eher kultureller Export?

Die Diözesen haben zweifellos ihren Wert, gerade bei der Organisation von Hilfen und pastoraler Initiativen. Aber reicht das, zumal sie nicht ewig am europäischen Tropf hängen können, zumal die afrikanischen Diözesen nicht ausreichend organisiert sind?

Die gesellschaftlichen Strukturen sind die Familienclans oder die ethnischen Gruppen. Deshalb ist es auch politisch so schwer, die Demokratie einzuführen. Die gewählten Chefs sehen ihr Land eher als Familienclan, wobei der eigene Clan in jedem Fall über dem Wohl des Volkes steht. Das gilt für die meisten Staaten Afrikas. Von Nordafrika und dem Scheitern von Arabellion gar nicht zu reden.

Die so genannten Evangelikalen, die auch in Ostasien stark präsent sind und vor denen die kommunistische Partei Chinas sich fürchtet, haben zumindest ein Gutes: Sie wollen das Evangelium leben, ohne jede hohe Theologie, dafür freilich oft mit Fundamentalismus verbunden, d.h. einer absolut wörtlichen Interpretation der Schrifttexte. Aber müsste es nicht das Bestreben eines jeden Christen sein, das Evangelium zu seiner Lebensbasis zu machen, mehr als jeder Katechismus? Genau das ist es, was Papst Franziskus der katholischen Kirche wieder beibringen möchte. Das macht seinen Paradigmenwechsel aus. Es geht um die Wahrheit des Evangeliums, nicht mehr und nicht weniger. Damit stellt er weltliche Werte in Frage, die auch in die Kirche Einzug gehalten haben. »Jedes Mal, wenn wir versuchen, zur Quelle zurückzukehren und die ursprüngliche Frische des Evangeliums wiederzugewinnen, tauchen neue Wege, kreative Methoden, andere Ausdrucksformen, aussagekräftigere Zeichen und Worte reich an neuer Bedeutung für die heutige Welt auf«, sagt Papst Franziskus (Apostolisches Schreiben Evangelii gaudium I, 11).

Ziel einer kirchlichen Reform

Jede kirchliche Reform bedeutet eine Rückkehr zum Evangelium, ein Aussteigen aus dem Gewand vergangener Kulturen. Auf der Basis des

Evangeliums wendet sich Papst Franziskus gegen Prunk, Karrierismus, Intrigen, Denunziationen und Hochmut. Freunde verschaffte sich Franziskus damit nicht unbedingt. Er fordert eine Umkehr aller, besonders der Kleriker. Das zeigt sich in seinem jüngsten Vorgehen gegen den Missbrauch der Kinder und Jugendlichen durch Kleriker, dabei schont er auch die Bischöfe nicht. Er weiß um den weltweiten Vertrauensschwund der Kirche. Er geht vor wie Jesus bei der Tempelreinigung. Eine moralisch lupenreine Kirche wird auch Franziskus nicht bewerkstelligen. Denn die Kirche besteht aus Menschen, nicht aus körperlosen Geistern, und selbst die können noch stolz und missgünstig sein. Aber er fordert eine Umkehr. Am Ende gibt es immer einen barmherzigen Gott für den reumütigen Sünder, bis zu dem einen Schächer neben dem Kreuz Jesu.

Doch wendet Franziskus sich nicht nur gegen die Verweltlichung der Kirche, sondern auch gegen die Ausuferung eines schrankenlosen Marktes, besonders der Finanzmärkte, die einen Großteil der Menschen in die Armut trieben. Kapital sei durchaus etwas Positives, wenn es zum Wohl der Menschen eingesetzt werde, sagte er. Auch das ist nicht mit Begeisterung aufgenommen worden. Die Botschaft des Evangeliums stellt eben alle weltlichen Werte in Frage. Wie schwer es allerdings ist, Finanzgebaren in die richtigen

Wege zu lenken, merkt er selbst bei seinem Bestreben, Ordnung und Transparenz in die Finanzen des Vatikans hineinzubringen. Es ist erstaunlich, wie lange dieser Prozess dauert. Genauso hat er sich gegen die Ausbeutung der Natur und ihrer Ressourcen gewandt und auf die Folgen hingewiesen. Das sei eine Sünde gegen die Schöpfung Gottes. Zum Zeitpunkt, da ich diese Zeilen schreibe, kommt die Nachricht, der Papst wolle den Passus über die Todesstrafe im Weltkatechismus ändern lassen. Sie sei ein Angriff auf die Unverletzlichkeit und Würde der Person. Die Kirche müsse auf die Abschaffung der Todesstrafe weltweit hinarbeiten. Die Comunità di S. Egidio tut dies schon seit langem. Was wohl Donald Trump dazu twittern wird? Aber er wird den Papst kaum als ernst zu nehmenden Gegenspieler ansehen. Denn der Papst hat keine Divisionen. Mit ihm kann er keinen »Deal« machen.

Deutsche Erwartungen

Papst Franziskus hatte sehr wohl von Anfang an eine Strukturreform geplant und dazu eine Kommission von neun Kardinälen einberufen, aber er versteht darunter wohl anderes als wir nördlich der Alpen. Wichtiger sind ihm die pastorale Ausrichtung und die Bekehrung vom Herrschen zum Dienen aller Mitarbeiter. Die Kurie stehe im Dienst der Weltkirche, nicht umgekehrt. Bischöfe seien keine herrschenden Kirchenfürsten. Vieles geht uns nicht schnell genug, aber lange gewachsene Dinge kann man nicht von heute auf morgen umkrempeln. Es bedarf der Klugheit, wenn es wieder für länger halten soll. Vor allem soll es keine verwaltete Kirche sein, die sich in bürokratischen Regeln verstrickt, sondern eine große, lebendige Gemeinschaft oder Familie des Glaubens.

Die Deutschen haben vor allem auf eine Änderung der Lehre der Sexualmoral gewartet. Ist das die Kernbotschaft der Kirche? Es wird erwartet, dass die Kirche zu unserem Mainstream in sexuellen Fragen Ja sagt. Ist der Maßstab unser Mainstream oder das Evangelium? Bezüglich der Abtreibungsfrage hat schon Papst Johannes Paul II. unserer abendländischen Gesellschaft vorgeworfen, sie sei zu einer Kultur des Todes, nicht des Lebens geworden. Dabei gibt es natürlich eine Menge an Teilfragen. Die Vision von Johannes Paul II. bestand darin, für das Leben wieder eine Bresche zu schlagen. Deshalb hat er sich auch massiv gegen den Krieg im Irak gewandt. Jeder Krieg sei eine Niederlage für die Menschheit.

Und die Stellung der Frau in der Kirche? Auch wenn darüber nicht mehr diskutiert werden soll, wie Johannes Paul II. und der damalige Kardinal

Ratzinger unterstrichen, so lässt sich eine Diskussion nicht länger unterbinden. Allein schon dann nicht, wenn die Lehrmeinung den Gläubigen immer wieder verdeutlicht werden soll. Die Gläubigen sind nicht mehr zu blindem Glaubensgehorsam bereit. Zum einen müssen aber die kulturellen Unterschiede berücksichtigt werden. Wir sind nicht der Nabel der Welt. Zum andern würden die Beziehungen zu den orthodoxen Kirchen, die an sich schon schwierig sind, erst recht beeinträchtigt werden. Nicht zuletzt aber tut sich ein viel breiteres Problemfeld auf, das Papst Franziskus angehen möchte: Es ist der Klerikalismus, das Machtgehabe von Klerikern. Dabei werden viele Kleriker dieses eigene Gehabe gar nicht merken oder ihre Macht bewusst ausleben.

Sollen Frauen nun auch Klerikerinnen ähnlicher Art werden? Manchmal scheint es so zu sein, als wollten Frauen endlich auch an der Macht teilhaben. Jesus möchte aber eine Umkehr der Perspektive: vom Herrschen zum Dienen: »*Ihr wisst, dass die, die als Herrscher gelten, ihre Völker unterdrücken und die Mächtigen ihre Macht über die Menschen missbrauchen. Bei euch aber soll es nicht so sein, sondern wer bei euch groß sein will, der soll euer Diener sein, und wer bei euch der Erste sein will, soll der Sklave aller sein. Denn auch der Menschensohn ist nicht gekommen, um sich dienen zu lassen, sondern um zu dienen und sein Leben hinzugeben als*

Lösegeld für viele« (Mk 10,42-45; Mt 20,25-28).
Gilt so ein Wort noch oder nicht? Es gilt sehr wohl
und bleibt eine Herausforderung gerade auch für
unsere Kirche in einer Welt so vieler politischer
Potentaten und selbstherrlicher Wirtschafts-
bosse. Papst Franziskus ist überzeugt, dass die
Einführung der Ordination der Frau die Kirche
derzeit spalten würde. Auch hier widersetzt er
sich dem Mainstream, lässt aber überprüfen, ob
das Diakonat der Frau altkirchlicher Tradition
entspräche.

An Pfingsten hat er drei Frauen zu Konsul-
torinnen der Glaubenskongregation berufen.
Frauen werden also in die Entscheidungen, was
unser Glaubensgut ist, eingebunden, obwohl sie
nicht ordiniert sind. An die Spitze des Dikaste-
riums für die Kommunikation, sonst eine Stelle
für Erzbischöfe und Kardinäle, hat er jüngst
einen verheirateten Laien berufen. Er ist für
die gesamte Öffentlichkeitsarbeit des Vatikans
zuständig. In der Frage der Zulassung der Viri
probati ist sicher noch nicht das letzte Wort gesprochen, wie wohl auch nicht über die Verpflichtung der Priester zum Zölibat. Es geht aber vor
allem um die Stellung der Laien innerhalb der
Kirche, der Frauen wie der Männer. Da tut sich
ein weites Feld auf, aber es braucht Zeit für das
Umdenken. Der Wandel jedoch hat bereits begonnen. Sind zum Dienen nicht nur die Frauen

aufgerufen, sondern genauso die Männer? Das wird eine entscheidende Frage für die Zukunft der Kirche sein.

Die Ökumene der kleinen Schritte

Schon lange geht mir durch den Kopf, warum wir die theologischen Unterschiede zwischen den Kirchen so hoch ansetzen und darin das Hindernis für die Einheit der Kirchen sehen. Dabei wird sogar noch gesagt, dass es durchaus Einheit in der Verschiedenheit gebe. Wir haben ökumenische Gespräche auf verschiedenen Ebenen, zwischen diversen Ansprechpartnern. Das bringt uns sicher einander näher. Aber müssen wir jedes Mal ein Einheitsdokument unterzeichnen? Der Weg wird sehr lang. Wenn ich die eingangs angesprochenen evangelikalen Gruppen in Betracht ziehe, wer ist da der Ansprechpartner? An sich reicht es schon, dass im Weltkirchenrat 348 Kirchen vertreten sind (Stand 2016). Sollen nun mit jeder einzelnen Kirche Verträge abgeschlossen werden? In Südafrika sind einige Tausend christliche Denominationen offiziell registriert. Wollen wir ihnen allen das Christsein absprechen?

Wir müssen anerkennen, dass auch die anderen Kirchen Christus nachfolgen und das Evangelium leben wollen. Das wäre der erste Schritt einer künftigen Ökumene. Ja, aber … Es kommen die Bedenkenträger und Rechthaber. Warum muss ich zuerst einen bestimmten Katechismus voll anerkennen, bevor ich mit dem Christen einer anderen Denomination gemeinsam bete und mit ihm für die Behebung der Not und für den Frieden in der Welt arbeite? Letzteres wäre ganz im Sinn des Evangeliums. Johannes sagte: *»Meister, wir haben gesehen, wie jemand in deinem Namen Dämonen austrieb, und wir versuchten ihn daran zu hindern, weil er nicht mit uns zusammen dir nachfolgt. Jesus antwortete ihm: Hindert ihn nicht. Wer nicht gegen mich ist, der ist für mich«* (Lk 9,49f.). Ja, aber es geht um die Wahrheit. Jawohl, um die Wahrhaftigkeit des Lebens. Wer sich im Besitz der Wahrheit wähnt – er mag es auch sein –, rutscht rasch auf die Seite der Rechthaberei, und es kommt zur Verachtung und Verurteilung des Anderen. Wie viele Menschen wurden schon im Namen der Wahrheit verletzt, gefoltert und getötet! Das sollte uns zu denken geben. Die Inquisition entstand zu einer Zeit theologischer Blüte. Die Wahrheit zieht eine lange Blutspur hinter sich her. Warum werden wir nicht demütig angesichts dieser Geschichte und gestehen erst einmal allen Christen zu, dass sie Christus nachfolgen wollen? Wir müssen alle als Menschen ernst und ebenbürtig nehmen, gleich welchen individuellen Glaubens. Damit werden die Unterschiede nicht verwischt, sondern in gegenseitiger Anerkennung respektiert. Und wir können weitermachen in unserem Bemühen, uns zu Gebeten zusammenzufinden und uns für die Gerechtigkeit in dieser Welt und die Humanisierung unserer Gesellschaften zu engagieren. Papst Franziskus spricht von den kleinen Schritten im ökumenischen Bemühen. Er möchte die Geschichte mit ihren Auseinandersetzungen hinter sich lassen und einen Weg nach vorne finden. Die Probleme unserer Gegenwart sind zu groß, als dass wir uns an theologischen Problemen festbeißen könnten.

Interreligiöser Dialog

Damit ist auch ein Weg bereitet für den interreligiösen Dialog. Wir verstehen darunter meistens eine intellektuelle Auseinandersetzung oder ein Gespräch zwischen den Religionen, man vergleicht und versucht, Gemeinsamkeiten herauszufinden. Wichtiger scheint mir, erst einmal miteinander zu leben und sich gegenseitig kennenzulernen. Miteinander zu reden statt übereinander. Papst Johannes Paul II. ist einen Schritt weiter gegangen und hat Vertreter verschiedener Religionen zu gemeinsamem Gebet für den Frieden nach Assisi eingeladen. Franz von Assisi gilt als Patron des Friedens, nachdem er selbst in Ägypten war, um Frieden zu bewirken. Es meldeten sich aber sofort Stimmen, der Adressat der Gebete sei nicht derselbe. Die Gottesvorstellungen der verschiedenen Religionen seien nicht identisch. Worum geht es aber letztlich? Um die jeweiligen Lehren oder um den Frieden auf dieser Welt? Durch das gemeinsame Beten werden wir uns bewusst, dass wir alle für den Frieden verantwortlich sind. Dem dienen weniger die dogmatischen Auseinandersetzungen als das gemeinsame Tun, und dabei vornehmlich das Beten. Es konnte dann doch noch ein Weg gefunden werden, dass nämlich alle an einem gemeinsamen Ort beten, aber jede Gemeinschaft für sich. Wie Gott in seiner übergroßen Liebe und Barmherzigkeit das wohl sieht? Wird unser Gott nicht auch das Gebet der anderen erhören? Papst Franziskus geht auf diesem Weg weiter. Er hat nicht nur die Lutheraner in Rom und Lund besucht, nicht nur den Weltkirchenrat, und ihnen allen seinen Respekt ausgedrückt, sondern auch die Al-Azhar-Universität in Kairo. Er wird nicht müde, alle zum Einsatz für Frieden und Gerechtigkeit und zur Bewahrung der Schöpfung aufzurufen. Sollten Christen nicht Sauerteig des Friedens statt der Spaltung sein?

Die Zukunft der Orden

Ein Bischof soll kürzlich geäußert haben, die Kirche könne auch ohne Orden weiterbestehen. In der Tat schließen in Europa und den USA immer mehr Orden ihre Niederlassungen. Manche trösten sich damit, dass es in der Geschichte immer schon ein Auf und Ab der Orden gegeben habe. Diese Erklärung scheint mir zu billig. Denn die Umstände für das Auf und Ab waren je verschieden. Mal war es politischer Druck, der den Orden den Garaus machte, wie die Ungarneinfälle in Bayern im 9. und 10. Jahrhundert, mal war es die Reformation, dann wieder die Aufklärung, welche die Herrscher bewogen, Ordenshäuser zu schließen, dann wieder der Reichsdeputationshauptschluss von 1803. Aber es gab auch den inneren Verfall des Mönchs- und Ordenslebens. Im Gegenzug dazu gab es Blütezeiten, wie das Mönchtum in Irland vom 6. bis zum 12. Jahrhundert. Das Kloster Bangor soll 3000 Mönche beherbergt haben. Die Benediktinerklöster lösten im frühen Mittelalter die zahlreichen Gründungen der Kolumbaner ab. Die Abtei Cluny war das Zentrum eines ganzen benediktinischen Netzwerks in Westeuropa. Die Gegen- oder Reformbewegung der Zisterzienser blühte besonders im 12. Jahrhundert, sie gründete in 50 Jahren 330 Klöster bis nach Osteuropa hinein. Die Barockzeit erlebte eine neue Blüte der Benediktinerklöster mit ihren großartigen künstlerischen Bauten und kulturellen Aktivitäten. Die Folgen des Reichsdeputationshauptschlusses brachten das Mönchtum fast zum Erliegen, doch entstand es neu in der Mitte des 19. Jahrhunderts. Nicht zu übersehen sind das Neuentstehen der Bettelorden im Hochmittelalter im Zug der Verstädterung oder die Blütezeit der Jesuiten in der Zeit der Gegenreformation. Im 19. Jahrhundert entstanden wiederum zahlreiche zentralisierte Orden, die besonders in Schulen, Krankenhäusern und der Mission tätig wurden.

Orden sind Zeichen der Lebendigkeit der christlichen Spiritualität. Jede Zeit hat viele Formen hervorgebracht. Angesichts der geschichtlich immer zahlreicheren Ordenshäuser stellt sich die Frage, wie lange sie noch Nachwuchs haben können, allein schon im Blick auf die demografische Situation Europas. So manche Dienste, die im 19. Jahrhundert wichtig waren, sind längst vom Staat übernommen worden. Angesichts der heutigen Anforderungen durch Professionalisierung und Spezialisierung können Ordensgemeinschaften vielfach auch nicht mehr mithalten. Sie haben es versäumt, im Blick auf die schwindende Mitgliederzahl die Klosterjugend zu qualifizieren. Denn das braucht Zeit, und die jungen Menschen treten heute aus religiösen Motiven ein, nicht um den ganzen Tag einem Dienst nachzugehen, den auch viele andere übernehmen können. Eine Schwesterngemeinschaft hat sich aus dem üblichen Krankenhausdienst zurückgezogen, kümmert sich nun um die Krankenseelsorge und hat damit wieder Freiraum für das Gebet und ihr Gemeinschaftsleben. Andere sorgen sich um Obdachlose und Drogenabhängige, um Menschen, die durch das staatliche soziale Netz fallen. Damit gehen die Ordensleute, wie Papst Franziskus sagt, an die Ränder der Gesellschaft. Die Betreuung von Flüchtlingen bietet noch ein weites Feld. Es reicht nicht, wenn Klöster Asylbewerber in ihre Räume aufnehmen. Das geschieht durchaus, ist aber nicht immer leicht, weil die Gemeinschaft auch auf ihr Eigenleben achten muss. Deshalb hat die Benediktsregel schon vorgesehen, dass für die Gäste ein eigener Bereich geschaffen wird, damit sie den regulären Lauf der Gemeinschaft nicht stören.

Doch wäre es verkehrt, die Orden rein von ihren Arbeitsfeldern her zu betrachten. Das wesentliche Element der Orden ist ihr geistliches Leben. Sie sind ein Ausdruck der vielfältigen Spiritualität der Kirche. Schon in der frühen Kirche sind die ersten Ansätze zu beobachten, bis sich das Mönchtum herausbildete in der Gestalt des Eremitentums in der Wüste und später des zönobitischen Lebens, des Lebens in Gemeinschaft unter Regel und Abt. Eben weil die Kirche nicht nur eine Zweckgemeinschaft ist oder ein Verein, sondern weil ihr eine geistliche Dimension innewohnt, wird es Formen des Ordenslebens immer geben. Das zeigt sich wiederum in den zahlreichen neuen monastischen Gemeinschaften. Die älteren Orden stehen in der Herausforderung nicht einer äußeren Anpassung an die heutige Umwelt, sondern im Leben ihres ursprünglichen Charismas in unserer Zeit. Da ist noch viel Arbeit zu leisten. Und die setzt eine Offenheit für Veränderungen voraus.

Für uns Benediktiner gelten weiterhin als Kernelemente eine gute Liturgie, die geistliche Lesung der Heiligen Schriften, eine lebendige Gemeinschaft und eine solide Arbeit. Papst Franziskus hat jeden einzelnen Benediktinerabt bei der Audienz am Ende ihres internationalen Kongresses begrüßt, sich kurz mit ihm unterhalten: keine leichte Arbeit am Ende eines Vormittags, und man sah ihm die Anstrengung sichtlich an. Es waren immerhin 270 Äbte. Als ich am Ende beim Gruppenfoto neben ihm saß, dankte ich ihm, dass er diese Strapaze auf sich genommen hatte. Da blickte er mich groß an und meinte: »Wieso? Ihr seid doch das Herz der Kirche!« Diesen Anspruch würden wir Benediktiner selber nie erheben. Aber das ist die Herausforderung, der wir nachkommen müssen, und da haben wir noch einen weiten

Weg vor uns. Nicht die Vielfalt unserer Arbeiten macht es aus. Sondern unsere geistliche Existenz mitten in der Kirche und ihrer Sendung. Oder um es mit dem häufig zitierten Wort Karl Rahners zu sagen: »*Der Christ der Zukunft wird ein Mystiker sein oder er wird nicht mehr sein*« (Schriften zur Theologie, XIV, 161).

Was verbindet man heute, 50 Jahre später, mit 1968? Viel Legendäres, Nostalgisches. Alles unter dem Oberbegriff: Freiheit! Befreiung von Konventionen, von den Resten der alten Autoritäten, der unbewältigten Nachkriegszeit.

Dann, als pikante Zugabe: Die Befreiung der Lust mit sexualpolitischen Experimenten, die unter dem Mäntelchen der Emanzipation als Revolution ausgerufen wurden, als neues Lebensmodell.

Es gab den »Dadaismus von Rudi Dutschke« – die Ablehnung bürgerlicher Kunstformen – linke Buchläden mit viel antiautoritärer Pädagogik, es gab die Haschrebellen, die Frankfurter Schule um den Soziologen Herbert Marcuse (1898-1981) als philosophischen Übervater (Hauptwerk: Triebstruktur und Gesellschaft), Bob Dylan und Uschi Obermayer, es gab die Kommunen, die roten Zellen in den Betrieben, und, als Kampftruppe im Untergrund, die später mörderische RAF.

Die Bewegung war keineswegs eine bundesweite Revolution. Sie war bis auf wenige Ausnahmen lokal begrenzt, auf Frankfurt als intellektuelles Zentrum und Berlin als Zentrum des Aktionismus. Und, wie Wolfgang Kraushaar, einer der profiliertesten Wissenschaftler auf dem Gebiet, es nennt: »eine Bewegung einer relativ kleinen, akademischen, städtischen Elite«.

Dieser Ursprung wurde auch durch den wohl bekanntesten Demonstrationsruf der 68er deutlich: »Unter den Talaren der Mief von tausend Jahren« – eine Anspielung auf die Herkunft vieler Professoren aus dem »1000-jährigen Reich«, das nur zwölf Jahre währte.

Ein neues Lebensgefühl wurde propagiert. Was ist daraus geworden, was ist aus den Alt-68ern geworden? Zunächst eine durchaus politische Generation, denn kaum zwanzig Jahre später, in den 80ern, setzte sich fast das halbe Kabinett Brandt aus 68ern zusammen. Der spätere Bundeskanzler Gerhard Schröder, sein Außenminister Joschka Fischer, Innenminister Otto Schily und Justizministerin Hertha Däubler-Gmelin waren die bekanntesten Protagonisten dieser Generation.

Bei vielen 68ern geht es sicher um sehr individuelle Lebenserfahrungen, um Menschen mit ungewöhnlichen, oft auch erfolgreichen Biografien. Um Künstler, Journalisten, Pädagogen, Politiker, Feministen, aber auch um »einfache« Menschen, Arbeiter und Handwerker.

Vielleicht war ja die Studentenbewegung der 68er doch eher ein kulturelles Phänomen als ein politisch-revolutionäres. Gewiss ist nur, dass sie bei aller romantischen Verklärung ein Stück deutscher Nachkriegsgeschichte ist, letztlich aber doch aufgesogen wurde vom bürgerlichen Wohlstands- und Wohlfühlmodell.

So bleibt die Vision Freiheit der 68er unvollendet, auch weil sie in eine andere Form der Bevormundung mündete. Sie wurde nicht eingelöst, weil sie so nicht einlösbar war, nicht links und nicht rechts. Einen Antigeist der politischen Gegenbewegung erleben wir heute in Form der ultrarechten »Alternative für Deutschland«, die sich Freiheit nur als Privileg für eine Minderheit ins Programm geschrieben hat.

Da, wo man sich emanzipiert glaubt von einem scheinbar überholten Lebensstil, wachsen neue Unterdrückung und Intoleranz. Aus einem Überlegenheitsgefühl entsteht fast zwangsläufig neues Macht- und Rangstreben. Zwei Urtriebe, die anthropologisch, verhaltensbiologisch nur von unserer Triebstruktur her verstehbar sind.

Das Ausleben dieser menschlichen Urtriebe wurde in altbiblischer Zeit noch als Todsünde gedeutet. Diese wurde jedoch von Jesus Christus durch die Anti-Macht des Dienens und seinen Tod am Kreuz gebrochen. Das ist ein Geheimnis unseres christlichen Glaubens.

Freiheit, auch das lehrt uns die unvollendete Vision der 68er, ist nur möglich in Ehrfurcht vor dem anderen, in der Achtung seiner Gleichwertigkeit. Und obwohl ich dafür plädiere, sich vom

Mythos von '68 zu verabschieden, so sehr bin ich auch dafür, all dem wieder Geltung zu verschaffen, was am Anliegen der 68er berechtigt und sinnvoll gewesen ist: kritische Wachsamkeit gegenüber Staat und Gesellschaft beispielsweise. Gegen einen Staat, der sich moralische Vormundschaft über uns anmaßt.

Er muss wach bleiben, dieser Geist der Rebellion gegen die Bevormundung durch Institutionen, dieser Widerwille gegen Autoritäten, die sich in unser Leben einmischen. Er sagt uns: Lass dich weder im Mainstream mittreiben noch von der Political Correctness bestimmen, lass dir dein Glück nicht vorschreiben, verteidige deine persönliche Freiheit. Von dieser Vision wird die abendländische Geschichte getrieben, weil sie menschengerecht ist.

Wir brauchen Visionen. Aber welche? Auf diese Fragen haben wir in diesem Buch nach Antworten gesucht. Wir brauchen Visionen, auch wenn sie uns zunächst nur als Traum erscheinen.

Gibt Gott den Menschen heute noch Visionen? Ja, immer und jederzeit. Sollen wir erwarten, dass Visionen gewöhnlich vorkommen? Nein. Wie es in der Bibel verzeichnet ist, sprach Gott mehrmals zu Menschen durch Visionen. Beispiele dafür sind Joseph, der Sohn von Jakob; Joseph, der Ehemann von Maria, Salomon, Jesaja, Ezekiel, Daniel, Petrus und Paulus. Der Prophet Joel sagte eine Ausströmung von Visionen vorher, was vom Apostel Petrus in der Apostelgeschichte Kap. 2 bestätigt wurde. Es ist wichtig, sich zu merken, dass der Unterschied zwischen Vision und Traum darin besteht, dass eine Vision einer Person gegeben wird – wenn sie wach ist, und der Traum – wenn die Person schläft.

In vielen Teilen der Welt scheint Gott Visionen und Träume häufig einzusetzen. In Gebieten, wo es eine mangelnde oder überhaupt keine Evangeliumsbotschaft gibt, wo die Menschen über keine Bibel verfügen, übermittelt Gott den Menschen seine Botschaft unmittelbar durch Vi- 215 sionen und Träume. Das stimmt vollkommen mit dem biblischen Beispiel überein, dass Gott häufig in den Tagen des frühen Christentums Visionen anwendete, um den Menschen seine Wahrheit zu offenbaren. Falls Gott einer Person seine Botschaft übermitteln will, so kann er ein beliebiges Medium dazu auswählen – Missionar, Engel, Vision, Traum.

Sinnmaximierung statt Gewinnmaximierung

Mit irdischen Visionen und Zukunft beschäftigt sich unter anderen der »Rat für nachhaltige Entwicklung« der Bundesregierung. Er hat ein Buch mit dem Titel »Dialoge Zukunft – Visionen 2050« herausgegeben. Der Rat will sich darin »engagiert und kritisch auf eine mentale Reise in die Zukunft begeben« und trat zu diesem Zweck in Kontakt mit 82 Jugendlichen (bis 27 Jahre), die von der deutschen Nachhaltigkeits-Elite dafür ausgesucht wurden.

Dies geschah im Rahmen einer »Stakeholderkonferenz« mittels eines »Backcasting«, einer Rückschau. Die jungen Menschen warfen dabei aus dem Jahr 2050 einen Blick auf heute. Bevor sie dann mit Vertretern der Ministerien und des Bundeskanzleramtes diskutierten, wurden sie einem »Debriefing« unterzogen und »zurück in die

Gegenwart versetzt«. Im Dialog beherzigte man die Methode »Kugellager – einen Stuhlkreis innen, einen Stuhlkreis außen«. Zusätzlich verständigten sich die Teilnehmer in »Murmelgruppen«.

Wozu brauchen wir Visionen?

Dabei kam eine Liste von 42 Begriffen heraus, die im Jahre 2050 nicht mehr verwendet werden. Vorbei ist es beispielsweise mit dem »Frontalunterricht – eine Unterrichtsform, in der Lehrer/innen für Wissensvermittlung allein verantwortlich sind und dieses als Fakten vermitteln.« Der Grund der nicht weiter erfolgten Nutzung: »Hat sich nicht als nützlich herausgestellt. Die Schüler können nicht problemlösend denken und innovative Dinge finden.« Auch mit der »Gewinnmaximierung« ist es endgültig vorbei, sie wird ersatzlos gestrichen und durch »Sinnmaximierung« ersetzt. Einen »Migrationshintergrund« wird es auch nicht mehr geben, »da die Menschen so gemischt sind, dass jeder einen Migrationshintergrund hat«.

Abgeschafft wird der »Normalbürger«. Grund: »Unklarheiten darüber, was normal/unnormal ist/war/sein wird«. Unnormal ist 2050 lediglich derjenige, der angesichts dieser Aussichten zum Glimmstengel greifen will, denn die Zigarette existiert nicht einmal mehr als Wort. Grund: »Komplettes Rauchverbot«. Der Begriff »Nachhaltigkeit« wird übrigens ebenfalls gestrichen. Grund: »Er wurde von Menschen/Gesellschaft, Politik und Welt verinnerlicht und verstanden.« Nach der Lektüre der versammelten Visionen hatten wir übrigens ebenfalls einen Traum: Jemand möge den Rat für nachhaltige Entwicklung mitsamt der Bundesregierung einem Debriefing unterziehen und zurück in die Gegenwart versetzen.

»Wozu brauche ich Visionen?«, wurde ich einmal gefragt. »Ich bin mit mir im Reinen und habe alles, was ich brauche. Ich bin zufrieden.«

Gegenfrage: »Haben Sie noch Ziele?«

»In meiner Jugend habe ich das Geigenspiel erlernt, es dann aber nicht mehr gepflegt. Ich frage mich manchmal, ob es mir nicht guttäte, wenn ich es wieder anfinge. Ich weiß nur nicht, ob meine Finger dafür noch geeignet sind.«

»Probieren geht über Studieren«, riet ich meinem Gegenüber dann. »Vielleicht finden Sie erst in einem Einzelunterricht heraus, ob Ihre Finger noch gelenkig genug sind und ob Ihnen das Fiedeln überhaupt noch Spaß macht.«

Nach zwei Monaten erzählte er mir voller Freude, er könne wieder Solo-Partien von Mozart-Konzerten spielen und habe sich einem Kammerorchester angeschlossen.

Auch so kann eine Vision aussehen, die nicht nur im Alter das Leben bereichert. Wir können in nahezu jeder Lebensphase etwas Neues beginnen oder scheinbar längst Verschüttetes wieder zum Blühen bringen.

Gott hat uns mit so vielen Talenten beschenkt, dass ein Leben manchmal gar nicht ausreicht, sie alle zu entwickeln. In vielen von uns steckt eine künstlerische Begabung, eine musische Ader oder die Fähigkeit, Vorstellungen ins Bild zu setzen, zu malen oder zu zeichnen. Wir können diese Talente in Kursen wiederbeleben oder sogar weitergeben.

Viele können sich für die Kunst der Gartengestaltung begeistern: gemeinsam einen kleinen japanischen Garten in unserer Klausur. Das Reifen und das Wachstum von Pflanzen zu gestalten und mitzuerleben, ist ein existenzielles Erlebnis.

Musik? Dazu brauchen Sie oft nicht einmal ein Instrument, außer Ihrer Stimme. Warum singen Sie nicht in einem Chor mit und erleben dabei außer der Musik auch das Erlebnis der Gemeinschaft? Singen ist immer wieder ein elementares Erlebnis.

Musik kann Ihr Leben nicht nur bereichern, sondern sogar verlängern. Und der musikalische Genuss ist ohnehin unbezahlbar.

Sport ist für viele zum tragenden Lebensinhalt geworden. Individualsport, um möglichst fit zu bleiben, und Mannschaftssport wie Fußball und

Handball, in dem wir nicht nur unseren Teil zu einer gemeinsamen Leistung einbringen können, sondern auch gewinnen und verlieren lernen können. Auch Sport ist eine Schule des Lebens.

Manche Sportarten, vor allem individuelle wie Gymnastik, Laufen und Radfahren, können wir ein Leben lang ausüben, manche andere, wie Bergsteigen (nicht Bergwandern), Skifahren (nicht Skiwandern), Fußball oder Volleyball, sollten wir besser unserer körperlichen Verfassung anpassen.

Selbst habe ich es mir seit mehr als 50 Jahren zur Gewohnheit gemacht, den Tag, am besten gleich frühmorgens nach dem Aufstehen, mit einigen Muskel kräftigenden und Bänder dehnenden Übungen zu beginnen. Diese zehn Minuten gönne ich mir, nicht nur, um den Kreislauf in Schwung zu bringen, sondern auch in dem Bewusstsein, dass jeder Muskel, der nicht täglich zumindest einmal richtig angespannt wird, zu verkümmern beginnt.

Und dann: Lies! Lesen Sie! In der Benediktsregel gibt es, gleichberechtigt zum täglichen »Ora et labora«, auch die Aufforderung: »Lege«, lies! Lesen ist für uns Benediktiner die dritte Dimension unseres Lebens. Deshalb sind unsere Bibliotheken auch der Stolz jedes Klosters, und wir haben unseren Büchern ebenso kostbare Räume gewidmet wie dem gesprochenen Wort, der Musik und dem Gesang in unseren Kirchen.

Visionen, in jeder Lebensphase? Eine Frage – viele Antworten und Möglichkeiten. Wir können unser Leben jeden Tag um Visionen bereichern.

Ohne Visionen aber beginnt unsere Hoffnung zu schwinden.

Oder, im großen Ganzen, nach der Weisheit Salomos: »Ohne Vision geht ein Volk zugrunde.« Sich zufrieden zurücklehnen à la »Weiter so ...«, das genügt nicht.

Deshalb kann die Antwort auf die Frage »Wozu brauchen wir Visionen?« nur lauten: Wir brauchen Visionen für unser Leben, unsere Gesellschaft, für die Politik und Wirtschaft, weil sie uns Hoffnung und Lebensfreude schenken.

Bibliografische Information der Deutschen Nationalbibliothek
Die Deutsche Nationalbibliothek verzeichnet diese Publikation
in der Deutschen Nationalbibliografie; detaillierte bibliografische
Daten sind im Internet über https://portal.dnb.de abrufbar.

climate-id.com/12559-1708-1001

Verlagsgruppe Random House FSC® N001967

1. Auflage
Copyright © 2019 Gütersloher Verlagshaus, Gütersloh,
in der Verlagsgruppe Random House GmbH,
Neumarkter Str. 28, 81673 München

Dieses Werk wurde vermittelt durch die Montasser Medienagentur,
München.
Umschlagmotiv: © Franz Dilger, St. Ottilien
Druck und Bindung: Friedrich Pustet GmbH & Co. KG, Regensburg
Printed in Germany
ISBN 978-3-579-08548-7

www.gtvh.de